水利部示范性高等职业院校建设规划教材
中央财政支持专业特色教材

# 水文与水资源利用

主　编　刘贤娟　梁文彪
主　审　邢肖鹏

黄河水利出版社
·郑州·

## 内容提要

本书是水利部示范性高等职业院校建设规划教材、中央财政支持专业——水利水电建筑工程专业建设与课程改革教材，按照教育部颁布的水文与水资源利用课程标准，结合山西省水文水资源状况编写的。全书共分6个项目，包括水文水资源基础知识、水文资料的收集、地表水源的分析计算、设计洪水的计算、水库兴利调节计算、水库防洪调节计算等内容。本书突出了水文水资源的基本知识以及水资源管理及应用。

本书为高等职业技术学院水文水资源、城市水利、水利水电建筑工程、水利工程、水利工程管理等专业的通用教材，也可作为从事水文水资源领域及水资源管理等一线技术人员的培训教材和参考书。

**图书在版编目(CIP)数据**

水文与水资源利用/刘贤娟，梁文彪主编．—郑州：黄河水利出版社，2014.3

水利部示范性高等职业院校建设规划教材

ISBN 978-7-5509-0731-7

Ⅰ.①水… Ⅱ.①刘… ②梁… Ⅲ.①水文学-高等职业教育-教材 ②水资源利用-高等职业教育-教材 Ⅳ.①P33 ②TV213.9

中国版本图书馆CIP数据核字(2014)第042514号

组稿编辑：王路平　电话：0371-66022212　E-mail：hhslwlp@163.com

出 版 社：黄河水利出版社

地址：河南省郑州市顺河路黄委会综合楼14层　　邮政编码：450003

发行单位：黄河水利出版社

发行部电话：0371-66026940、66020550、66028024、66022620(传真)

E-mail：hhslcbs@126.com

承印单位：郑州文华印务有限公司

开本：787 mm×1 092 mm　1/16

印张：8.5

字数：200千字　　印数：1—1 500

版次：2014年3月第1版　　印次：2014年3月第1次印刷

定价：20.00元

# 前 言

本书是根据《教育部关于全面提高高等职业教育教学质量的若干意见》(教高〔2006〕16号)、《教育部关于推进高等职业教育改革创新引领职业教育科学发展的若干意见》(教职成〔2011〕12号)等文件精神，根据水利部示范性高等职业院校建设计划水利水电建筑工程重点建设专业及专业群人才培养方案要求，在全国水利水电高职教研会指导下，用中央财政安排的"支持高等职业学校专业建设"项目经费组织编写的教材。

本套教材以学生能力培养为主线，以工作任务为载体，融"教、学、练、做"为一体，适合开展项目化教学，体现实用性、实践性和创新性的特色，是一套紧密联系生产实际的高职高专教育精品规划教材。

水文与水资源利用是水文水资源专业中一门理论与实践相结合的必修专业基础课。本教材在编写过程中特别突出实用性，并严格按照水文水资源的新规范、新标准、新技术的要求编写。

本书介绍了水文与水资源的基础知识、水文要素的观测与资料整理方法、年径流与洪水的计算方法及水库的调节计算方法。全书共分6个项目，包括水文水资源基础知识、水文资料的收集、地表水源的分析计算、设计洪水的计算、水库兴利调节计算、水库防洪调节计算等内容。

本书在吸收有关教材精华的基础上，充实了新思想、新理论、新方法和新技术，同时不过分苛求学科的系统性和完整性，强调理论联系实际，突出应用性，以期突出高职高专教育教学的特色。

本书由山西水利职业技术学院承担编写工作，编写人员及编写分工如下：项目1由肖纳新编写，项目2由山西省水资源研究所梁文彪编写，项目3由杜玉柱编写，项目4、6由岳延兵编写，项目5由刘贤娟编写。全书由刘贤娟、梁文彪担任主编，刘贤娟负责全书统稿；由山西省河道管理服务总站邢肖鹏担任主审。

本书中所有的水文资料均来自山西省水资源研究所和山西省河道管理服务总站。书中还参考并引用了有关院校编写的教材和生产科研单位的技术文献资料，除部分列出外，其余未能一一注明，在此一并致谢！

由于编写时间仓促，编者水平有限，书中难免存在错误和不足之处，恳切希望读者提出批评和指正。

编 者

2014年1月

# 目 录

# 项目1 水文水资源基础知识

## 任务1 水资源与水文现象

### 1 我国水资源及其利用

#### 1.1 水资源

水是一种重要的自然资源。人类要生存,一刻也离不开水:城市生活用水、工业用水、农业灌溉用水。水资源目前没有确切的定义,但普遍认为有广义和狭义之分。广义的水资源是指存在于地球水圈中固态、液态和气态三种形式的各种水体,如海洋水、河流水、地下水、土壤水、生物水、大气水等。狭义的水资源是指可供人类在目前经济技术条件下取用的,并且在一定时段内可以得到恢复和更新的地表、地下淡水量。随着科学技术和社会经济的发展,狭义水资源的内涵也在不断发展变化。现在人们常说的水资源,一般是指狭义的水资源。

自然界的水主要存在于地表(江河、湖泊、沼泽、冰川、海洋)和地下。全球大约有138.6亿 $m^3$ 水,其中淡水所占比例约为2.53%,且地下和地表各占1/2。现实中可以用到的淡水总量所占比例约为0.034%。全国及山西省水资源量情况见表1-1。

表1-1 水资源量

| 项目 | 全国 | 山西省 |
|---|---|---|
| 多年平均降水量 | 61 889亿 $m^3$ | 508.8 mm |
| 多年平均径流量 | 27 115亿 $m^3$ | 114亿 $m^3$ |
| 多年平均径流深 | 284 mm | 8.78 $m^3/km^2$ |
| 多年平均降水深 | 648 mm | 534 mm |
| 水资源总量 | 28 124亿 $m^3$ | 142亿 $m^3$ |
| 理论水能蕴藏量 | 6.76亿 kW | |
| 可开发利用水能 | 3.8亿 kW | |
| 年发电量 | 1.9万亿 kWh | |
| 流域面积 | >50 $km^2$(45 203条) | 4 000 $km^2$(9条) |
| 人均水量 | 2 700 $m^3$,世界第88位,为世界人均水量的1/4 | 466 $m^3$ |
| 亩均水量 | 1 770 $m^3$,为世界亩均水量的3/4 | 143~194 $m^3$ |
| 南方占全国水量 | 人口54.7%,耕地:35.9% | |
| 北方占全国水量 | 人口43.2%,耕地:58.3% | |

注:1 亩 = 1/15 $hm^2$,下同。

### 1.2 我国水资源利用状况

我国水资源利用状况见表1-2。

表1-2 水资源利用状况

| 项目 | 1949年以前 | 现今 |
| --- | --- | --- |
| 水库数 | 大型6座,中型17座 | 98 002座 |
| 灌溉面积 | 2.4亿亩 | 10.02亿亩 |
| 装机容量 | 16万kW | 3.33亿kW |
| 总库容 | 30亿$m^3$ | 9 323亿$m^3$ |

### 1.3 水资源利用存在的问题及对策

(1)地区分配不均:南方水多地少,北方水少地多,南水北调,进行跨流域引水。

(2)灌溉、城市用水增长:节水灌溉,节约用水。

(3)供需矛盾日益突出:合理利用,开发水资源。

(4)水污染日趋严重:减少污染源。

(5)水资源管理和保护:依法管理,加强保护措施,提高管理者素质,加大打击力度。

## 2 水文学的概念、分类、内容和任务

### 2.1 水文学的概念

水体指存在于某一位置的水的总称。如河、湖、海等。

水文学是研究地球上各种水体的形成、循环、分布及水体的物理、化学性质和对环境的反映的一门学科。

### 2.2 水文学的分类

按水体所处位置,水文学可分为水文气象学、海洋水文学、陆地水文学、地下水水文学。陆地水文学按陆地水体位置又可以分为湖泊水文学、沼泽水文学、河流水文学、冰川水文学。河流水文学按研究对象、目的又可以分为地表水水文学、水文信息采集与处理、水文统计学、水文计算、水利水电规划、水能计算、水文预报、水质监测等。

### 2.3 水文学的内容

天然来水与兴利(防洪)用水(泄水)存在矛盾,解决此矛盾及工程防洪能力等均为其研究内容,具体如下:

(1)河流一年的来水量为多少,即河流年径流量计算;

(2)洪水的大小,即设计洪水的确定;

(3)泥沙含量,即河流输沙量的计算;

(4)工程规模大小,即兴利、防洪调节计算。

### 2.4 水文学的任务

(1)具备水文学的基本知识;

(2)了解水文测验的一般方法,能收集水文计算的基本资料;

(3)初步掌握水文计算的基本原理和常用方法;

(4)能进行以灌溉为主的水库的兴利、防洪调节计算。

## 3 研究方法

### 3.1 水文现象

水文要素(降水、蒸发、下渗、径流、水位、流量、泥沙)的变化现象称水文现象。

### 3.2 水文现象的特点

根据对水文要素长期观测资料的分析,它具有以下特点。

#### 3.2.1 不重复性(随机性)

水文现象在时间上和数量上不会完全重复出现,因此需对水文要素进行长期观测,取得大量的观测资料,再经过统计分析得出其变化规律。

#### 3.2.2 周期性

水文现象具有以年为单位进行周期性变化的特性,即河流每年均出现丰水期和枯水期,年与年之间又出现丰水年和枯水年。

#### 3.2.3 地区性

水文现象在不同地区具有各自不同的特性,即当某地区气候和地理条件相似时,则河流的水文现象在一定程度上也具有相似性。

### 3.3 研究方法

#### 3.3.1 成因分析法

从水文现象的成因出发,研究水文要素变化的规律,建立各种水文要素与其影响因素之间的定量关系,此法可得出较为确切的结果。

#### 3.3.2 数理统计法

根据水文现象的特点,应用数理统计法原理,以频率计算的方法为基础,根据水文资料分析水文特征值的统计规律,从而可以为工程提供设计水文数据。

#### 3.3.3 地区综合法

根据水文现象的特点,水文现象具有地区分布规律,对于缺乏水文资料地区,可借用邻近相似地区资料进行水文计算。如等值线图法、经验公式法、图表法等。

## 4 与其他课程的关系

本课程是水利水电专业(水利工程、农田水利、水土保持、水利工程管理、城市水利等专业)的一门专业基础课,它为确定工程各种建筑物的尺寸和工程规模大小提供科学依据。

# 任务2 水分循环与河川径流

## 1 水文循环

### 1.1 自然界的水运动

自然界的水始终处于运动之中,这是由其内因与外因造成的。

内因:水的三态(液态、固态和气态)在常温下的相互转化。

外因:太阳的辐射和地球的引力,其中太阳的辐射是促进水分运动的最基本动力。

太阳的辐射和地球的引力是永恒的,于是自然界中的水分运动也就没有停止过。

## 1.2 自然界水的运动形式

(1)海洋水蒸发后,在一定条件下又以降水的形式落回海洋或陆地。

(2)陆地水蒸发后,在一定条件下以降水的形式落回陆地。

(3)水循环:水的各种运动形式呈现出往复循环、不断转移交替的现象称水循环。

(4)水文循环:水循环是通过降水、蒸发、下渗、径流等水文要素实现的,因此称为水文循环,包括大循环和小循环。

①大循环:海洋与陆地之间的水分交替过程。

②小循环:海洋与海洋、陆地与陆地之间的水分交替过程。

## 1.3 水文循环的水量

全球每年参与水文循环的总水量约为 577 万亿 $m^3$。

## 1.4 水文循环的影响因素

(1)气象因素:风力、风速、温度、湿度等。

(2)下垫面因素:地质、地形、土壤、植被等。

(3)人类的经济活动:水利工程措施、农林牧业措施等。

水文循环过程如图 1-1 所示。

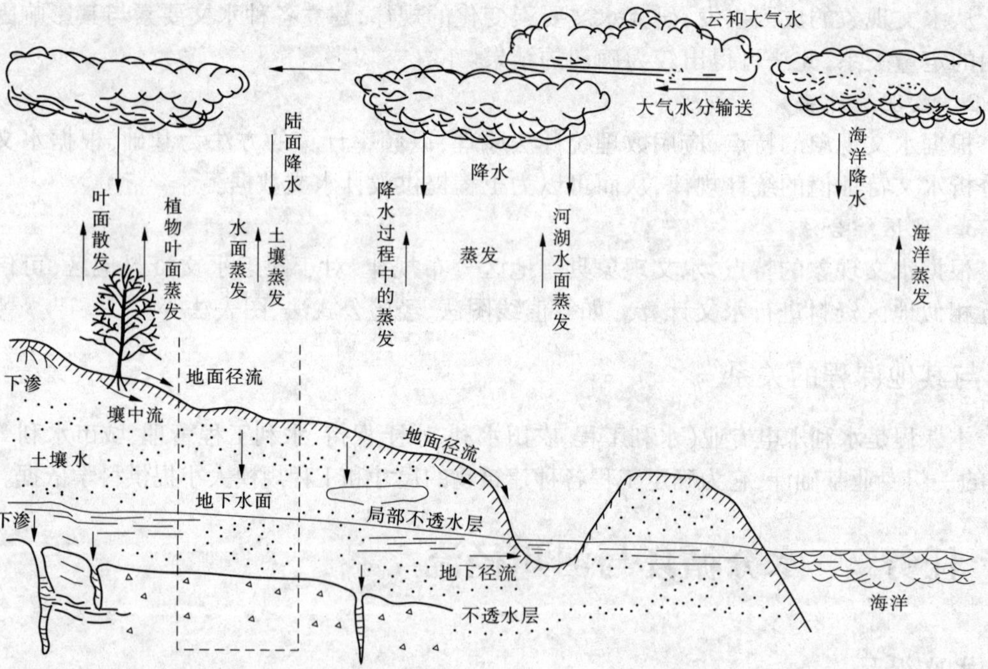


图 1-1 水文循环示意图

# 2　河流和流域

## 2.1　河流

河流是接纳、汇集地面和地下径流的天然泄水道，是水文循环的必经之途。流入海洋的河流称为外流河，流入内陆湖泊或消失于沙漠之中的河流称为内流河。按河流流经地区的特性，又可分为山区型河流和平原型河流。

### 2.1.1　河长(河流的长度)

河流的长度指干流的自然弯曲长度，单位为 km。河长是用求线仪(量线仪)或卡尺在水系地形图上进行量计的。

河流一般都可分为河源、上游、中游、下游、河口五段。如：黄河源头为青藏高原巴颜喀拉山北麓约古宗列渠，河源至内蒙古托克托为上游，托克托至河南花园口为中游，花园口至山东利津为下游，利津以下为河口；汾河源头为宁武县管涔山宋家崖，源头至古交山峡出口(上兰村)为上游，上兰村至介休义棠为中游，义棠至河津庙前村为下游，庙前村以下为河口。

### 2.1.2　河系(水系)

地表水和地下水通过地面、地下，由高处向低处汇入小沟、小溪，最后汇集成大小河流。河流由干流、支流、湖泊、沼泽等构成脉络相通的泄水系统，称为河系。一般把长度最长或水量最大的称干流，汇入干流的称一级支流、汇入一级支流的称二级支流、依次类推……

根据河流干支流分布情况，可把河系分为如下几种：

(1)扇形水系，如我国的海河。

(2)羽毛形水系，如我国的红水河、太湖河。

(3)平行水系，如我国的淮河。

(4)混合水系，如我国的长江。

### 2.1.3　河床和河谷

(1)山谷：两山之间狭长而弯曲的洼地。

(2)河谷：排泄水流的谷地。

(3)河床：谷底过水部分(河槽)。

(4)过水断面：与水流方向相垂直的断面。

### 2.1.4　河流的比降

(1)水面落差：河流两断面的水面高差。

(2)水面比降：单位河长的水面落差。

(3)总落差：河源至河口的河底高差。

(4)河道纵比降：单位河长的落差，其计算式为

$$J = \frac{(Z_0 + Z_1)L_1 + (Z_1 + Z_2)L_2 + \cdots + (Z_{n-1} + Z_n)L_n - 2Z_0L}{L^2} \quad (1\text{-}1)$$

式中　$J$——河流干流的平均纵比降；

$L$——河长；

$Z_1, Z_2, \cdots, Z_n$——各转折点高程；

$L_1, L_2, \cdots, L_n$——相邻转折点之间的河流长度。

## 2.2 流域

流域是指河流某断面以上汇集水流的区域。

### 2.2.1 流域的几何特征

#### 2.2.1.1 分水线与集水面积

(1)分水线:相邻流域的起到分水作用的界线称分水线(分水岭)。

(2)流域:分水线所包围的区域。

(3)地面分水线:一般位于山峰、岭脊处,起着分地面水的作用,如秦岭是长江、黄河的分水岭。分水线与等高线垂直。

(4)闭合流域:地面、地下分水线重合。

(5)非闭合流域:地面、地下分水线不重合。

(6)流域面积:地面分水线所包围的面积,用 $F$ 表示,单位为 $km^2$。

#### 2.2.1.2 流域形状

(1)流域长度与平均宽度。流域长度为流域的几何中心轴长,用 $L$ 表示(利用同心圆法求得),单位为 km。流域平均宽度为流域面积与流域长度之比,用 $B$ 表示,单位为 km,$B = \frac{F}{L}$。当 $F$ 相同时,$L$ 大则 $B$ 小,径流难以集中;$L$ 小则 $B$ 大,径流易集中。

(2)流域形状系数。流域平均宽度与长度之比,用 $K_f$ 表示,$K_f = \frac{B}{L} = \frac{F}{L^2}$。当 $K_f = 1$ 时,为方形流域,径流易集中;当 $K_f < 1$ 时,为狭长形流域,径流难集中;当 $K_f > 1$ 时,为扇形流域,径流易集中。

#### 2.2.1.3 流域地形特征

(1)流域平均高程。指流域内地表的平均高程,其计算公式为

$$Z = \frac{f_1 Z_1 + f_2 Z_2 + f_3 Z_3 + \cdots + f_n Z_n}{f_1 + f_2 + f_3 + \cdots + f_n} = \frac{1}{F}\sum_{i=1}^{n} f_i Z_i \tag{1-2}$$

式中 $Z$——流域平均高程；

$f_i$——相邻等高线之间的面积；

$Z_i$——相邻等高线的平均高程；

$F$——流域面积。

(2)流域平均坡度。指流域范围内地表坡度的平均状况,其计算公式为

$$J = \frac{\Delta Z\left(\frac{1}{2}l_0 + l_1 + l_2 + l_3 + \cdots + l_{n-1} + \frac{1}{2}l_n\right)}{F} \tag{1-3}$$

式中 $J$——平均坡度；

$l_i$——各等高线长度,$i = 0, 1, 2, \cdots, n$；

$\Delta Z$——相邻等高线高差；

$F$——流域面积。

2.2.2 流域自然地理特征

流域自然地理特征包括地理位置、气候条件、地形特征、地质与土壤、植被覆盖、湖泊与沼泽、人类活动。

## 3 河川径流与水量平衡

### 3.1 河川径流的水量

3.1.1 定义

降落在流域表面的降水,经过地面和地下流入河川,最后由流域出口断面流出的水量,称为河川径流的水量。

3.1.2 河川径流的水源

河川径流的水源有雨水、冰雪融水、地下水。

(1)以雨水为主的区域。秦岭以南,径流变化主要受降水季节变化影响,夏季经常发生洪水。

(2)以雨水和季节性冰雪融水为主的区域。华北和东北部分地区,每年有春、夏两次汛期。

(3)以冰雪融水为主的区域。西北阿尔泰山、天山、祁连山洪水期发生于夏季,枯水期发生于冬季,径流多少受气温的影响。

### 3.2 河川径流的形成过程

雨水降落在流域表面后,当满足了其蓄渗后,就会产生径流,径流由地面和地下向流域出口断面汇集。其中,地面部分称为地面径流,地下部分称为地下径流。从降雨到径流流出流域出口断面的整个物理过程,称为河川径流的形成过程。

3.2.1 河川径流的产流过程

河川径流的产流过程为(植物截留)损失→(填洼)损失→(下渗)损失→面雨强 > 入渗率→产生超渗雨→沿坡面流动→雨强 > 入渗率(表层流)全面漫流→土壤含水量饱和→壤中流→通过包气带渗入→地下水位以下,不透水层以上→浅层地下径流→地下水位以下,不透水层以下→深层地下径流。

损失量 = 植物截流量 + 填注量 + 入渗量 = 降雨量 + 径流量(产流量)

3.2.2 河川径流的汇流阶段

降雨产生的径流(地面、地下)逐渐汇入河网,再通过河网由上游向下游,由支流到干流,最后全部径流流出流域出口断面,这个过程称为河网汇流,又称河槽集流,其中有河岸调蓄、河槽调蓄作用。

### 3.3 径流的表示方法和度量单位

3.3.1 流量

流量为单位时间内通过某一过水断面的水量,通常用 $Q$ 表示,单位为 $m^3/s$。有瞬时流量、日平均流量、月平均流量、年平均流量、多年平均流量。

3.3.2 径流总量

径流总量为某一时段 $T$ 内通过某一过水断面的水量,通常用 $W$ 表示,单位为 $m^3$、万 $m^3$、亿 $m^3$、$(m^3/s)\cdot$月。计算公式为

$$W = QT \tag{1-4}$$

3.3.3 径流深

径流深为某时段内的径流总量均匀地平铺在流域面积上的水层深度，通常用 $R$ 表示，单位为 mm。

$$R = \frac{W}{1\,000F} = \frac{QT}{1\,000F} \tag{1-5}$$

3.3.4 径流模数

径流模数指流域出口断面流量与流域面积之比，通常用 $M$ 表示，单位为L/(s · km$^2$)、m$^3$/(s · km$^2$)。

$$M = \frac{1\,000Q}{F} \quad 或 \quad M = \frac{Q}{F} \tag{1-6}$$

3.3.5 径流系数

某时段的径流深与其对应的流域平均降雨量之比，通常用 $\alpha$ 表示($\alpha < 1.0$)，无单位。

$$\alpha = \frac{R}{H_F} \tag{1-7}$$

3.3.6 径流变率

径流变率指某时段内径流特征值与其对应的多年平均值之比，又称模比系数，其计算式为

$$K_i = \frac{Q_i}{Q_{多}} = \frac{W_i}{W_{多}} = \frac{M_i}{M_{多}} = \frac{R_i}{R_{多}} \tag{1-8}$$

**【例 1-1】** 已知某流域设计断面以上集水面积 $F = 132$ km$^2$，多年平均降雨量 $H_F =$ 1 350 mm，径流深 $R = 743$ mm，试求多年平均流量、径流模数、径流总量、径流系数。

**解**：(1) $W = 1\,000RF = 1\,000 \times 743 \times 132 \approx 9\,808$(万 m$^3$)；

(2) $Q = W/T = 9\,808$ 万/$(365 \times 24 \times 3\,600) = 3.11$(m$^3$/s)；

(3) $M = Q/F = 3.11/132 = 0.024$(m$^3$/(s · km$^2$))；

(4) $\alpha = R/H_F = 743/1\,350 = 0.55$。

## 3.4 流域水量平衡

3.4.1 水量平衡原理

水量平衡原理水力学上称连续性原理，应用到水文学上后称为水量平衡原理。对于某一不闭合水体或区域，它既有水进，也有水出，可令进入的水量为 $W_{入}$，流出的水量为 $W_{出}$，某时段内水体或区域的蓄水变量为 $\Delta W$，则 $W_{入} - W_{出} = \pm \Delta W$。

3.4.2 通用水量平衡方程式

在某时段内进入某区域(水体)的水量与流出水量之差，应等于该区域内蓄水变化量。进入区域的水量有时段区域平均降水量 $X$，时段凝结量 $E_1$，地面径流流入量 $Y_1$，地下径流流入量 $W_1$，区域时段初蓄水量 $V_1$；流出区域的水量有时段内总蒸发量 $E_2$，地面径流流出量 $Y_2$，地下径流流出量 $W_2$，区域时段末蓄水量 $V_2$，用水量 $q$。

由水量平衡原理可得

$$X + E_1 + Y_1 + W_1 + V_1 = E_2 + Y_2 + W_2 + V_2 + q \tag{1-9}$$

3.4.3 流域水量平衡方程

对于闭合流域有 $W_1=0, Y_1=0, Y=Y_2+W_2$, $q$ 略,则

$$X + V_1 = E + Y + V_2$$

$$X = E + Y + V_2 - V_1 = E + Y \pm \Delta V \tag{1-10}$$

对于多年平均值来讲,即

$$\sum_{1}^{n} \frac{\Delta V}{n} \to 0 \tag{1-11}$$

则

$$\overline{X} = \overline{E} + \overline{Y} \tag{1-12}$$

# 任务3 水文统计

## 1 概述

### 1.1 水文现象的必然性与偶然性

1.1.1 水文现象

水文要素的变化现象称为水文现象。

1.1.2 水文现象的必然性

(1)水文现象是自然现象的一种,由于自然界水分循环的结果,必然会产生降水,而降水又会产生径流。同时由于气候的不断变化,降水、径流也会发生变化,那么河流的水情也会发生变化,即河流水情可分为丰水期、平水期、枯水期,具有周期性。也就是说,水文现象具有必然性。

(2)所谓必然性,是指研究对象在一定条件下必然会发生或必然不会发生,如向上抛一石子,它必然会受地心引力作用而下落;同性电荷必然不会相吸引;自由落体运动的路程、时间、重力加速度有确定性关系;每年的夏秋季节,降水多,河流水量也多,那么河流某断面在每年汛期均要出现一个瞬时最大流量,即洪峰流量。

(3)对于必然现象,我们可以通过物理成因,应用一定的数学工具,分析其变化规律。

1.1.3 水文现象的偶然性

(1)每年汛期河流出现瞬时最大流量是必然性的,而由于产生瞬时最大流量的影响因素多且复杂多变,因此流量出现的时间、数量却不会一样,这就是水文现象的偶然性。又如抛出一枚均质硬币,它必然会向下落,但落下来后是哪一面向上事先无法确定。

(2)偶然性是指在研究对象一定的条件下,具有多种可能出现结果,究竟出现哪一种结果,事先并不能确定。它产生的原因是:无法利用因果关系加以严格控制和准确预测。

(3)偶然现象需通过大量观察和试验,以获取大量的实测资料,然后通过对资料进行统计分析研究,寻求其产生、发生的规律。这是我们所研究的主要对象,它的这种规律需要用统计学进行研究分析,因此称其为统计规律。

1.1.4 必然性与偶然性的关系

实践表明,事物的必然性是通过无数的偶然性表示出来的。在表面是偶然性在起作

用的地方，这种偶然性始终是受内部的隐蔽规律所支配，而关键就是发现这种规律。

## 1.2 水文统计的任务

目前，受水文气象学发展水平所限，并不能确切地预报河流未来长期内水文要素的变化过程，而只能基于统计规律，预估某水文变量的数量与出现的可能性，这种预估即为概率预估。

在自然界中，一切自然现象都可纳入两种基本范畴，一种是必然现象，另一种是偶然现象（随机现象）。前者在某种条件下必然出现，后者在重复试验中，有时出现，有时不出现。

例如：一个大气压下，100 ℃的水沸腾；盒中有红色、蓝色、白色粉笔，不用眼看，每次摸出一支，可能是红色、蓝色、白色三种之一；某班学生个子高低、体重轻重，对任何一个人来说，可能是体重小、体重大、体重不小不大（取决于先天和后天两种因素）。

水文现象是自然现象的一种，在其发生、发展和演变过程中，既包括着必然性的一面，也包含着偶然性的一面。

例如：对于河流来说，由于降雨量多，流量 $Q$ 增大，并且在某一时刻有最大流量值，这个最大值年年不同，出现的时间也不同。

蒸发在水分子吸收热能后，在风的作用下发生了。

解决方法如下：

（1）对于必然现象，一般而言，可通过物理成因分析，利用微分方程将描述现象的数学或物理方程列出并求解，即可预测以后任意时刻的状态。

例如：依据流域上降落的暴雨量和流域的前期湿润状态，借助径流成因公式就可预报洪水过程。

（2）偶然现象（随机现象）表面看起来是无规律性可循的，但观察了大量的同类随机现象之后，还是可以看出其偶然现象的变化规律。

例如：河流中任一断面的年径流量 $Q$，由于受许多因素影响每年都不相同，所以是一种随机现象；但多年长期观察的结果却表明，年径流量的平均值即多年平均年径流量是一个稳定的数值。

又如投掷硬币，出现正面或反面是一种随机现象，但多次重复投掷，就可以发现出现正面的频率（出现正面的次数与投掷总次数之比）会逐渐稳定于1/2。

前面举的例子：同学身高、体重。任一个人都有一个身高、一个体重，而且个个不相同；但分组统计可看出特高、特低、特重、特轻的少，而中等的值越多。

盒中的粉笔 10 个红色、10 个白色、20 个蓝色。各种颜色被摸出的机会分别为 1/4、1/4、1/2。可见，随机现象仍是有规律的。随机现象所遵循的规律一般叫作统计规律。

研究随机现象统计规律的学科称为概率论，而由随机现象的一部分实测资料去研究全体现象的数量特征和规律的科学称为数理统计学。

概率论和数理统计学密切相联，数理统计学必须以概率论为基础，概率论往往把数理统计学所揭露的事实提高到理论的认识，从而丰富了自已的内容。因此，概率论和数理统计学常常总称为统计数学。

由于水文现象有一定的随机性，用数理统计方法来分析研究这些现象可以认为是符合实际的、合理的。通常，在工程水文计算中将数理统计称为水文统计。

工程水文计算中运用数理统计方法,不仅是合理的,而且是必要的。

例如,流域开发,首先需要搞清未来河流水量的多少;设计拦河坝、堤防需要知道未来长期的径流情势,作出估计。如果所建工程计划使用100年,那么就要对未来100年中径流情势作出预估。但是,由于影响径流的因素众多,我们难以基于必然现象的规律,应用成因方法对径流作出这样长期的时序定量预报,只能基于统计规律,运用数理统计方法对径流作出概率预估,来满足工程实际的需要。

水文统计即应用数理统计的原理和方法来分析研究水文现象的变化规律。

水文统计的任务为通过对水文要素的观测,取得大量的资料(如历年的年径流量、最大流量、降水量等),然后对这些资料进行分析计算,寻求其变化的规律,为工程规划设计和管理运用提供所需要的水文数据。概括起来主要有以下两方面:

一是根据水文要素的大量资料进行计算,并用各种特征数值或图形表示其变化规律,如比较两个地区降雨量大小可用均值、等雨量线图、径流深等值线图。

二是在了解水文要素变化规律的基础上,根据需要预估河流未来长期(几十年、几百年、几千年)可能发生的水文情势。

应强调一点,"预报"和"预估"在意义上是不同的,因当前水文气象技术水平有限,还不能确切地"预报"未来长时期内河流逐年逐月的水文要素数量出现的机会(可能性)。例如:预估某河某断面100年一遇的洪峰流量是多少,某流域50年一遇的最大一日暴雨量是多少。预估出它的数量,而不论它们出现在什么时间,这种预估称为"概率"预估,是水文计算的一个重要特点,也是水文计算的基本任务。

## 2 概率、频率、重现期

### 2.1 事件

#### 2.1.1 随机试验

(1)在日常生活中会经常遇到试验,如科学种田试验、导弹发射试验、水库各种建筑物试验、径流试验、流域人工降雨试验、泥沙试验等。

(2)在相同的条件下可重复进行,而每次试验的结果是不确定的,不能准确预言的试验称为随机试验。

(3)特点:在相同条件下可重复进行;结果不止一个,但可以知道试验的所有结果;进行每次试验前,哪一个结果会出现并不能确定。

#### 2.1.2 事件

随机试验的结果即事件,事件可以是数量性质的,也可以是属性性质的。例如:某河流某断面的年径流量,抽一张扑克牌的点数,天气的阴雨晴风及婴儿的性别等。

#### 2.1.3 事件分类

(1)必然事件:一定条件下必然发生的事件。

(2)不可能事件:一定条件下绝对不可能发生的事件。

(3)随机事件:一定条件下,可能发生也可能不发生的事件。随机事件一般用大写字母A、B、C…表示。随机事件在试验结果中,可能出现,也可能不出现,但其出现(或不出现)可能性的大小有所不同。例如:掷骰子出现一点和出现大于一点这两种随机事件,前者的可能性要比后者的可能性小些。为了比较事件出现(或不出现)可能性的大小,必须赋予一个数量标准,这个数量标准就是事件的概率。

## 2.2 概率

一定条件下,随机事件出现或者不出现的可能性大小用一个数值来表示,这个数值就是该事件的概率(机率)。如:抛硬币,不是出现正面就是出现反面,因此出现正面或出现反面的概率就是1/2。又如:摸扑克牌,从下面的牌中摸出K的概率是:

(1)4,5,6,7,8,9 0/6

(2)K,4,5,6,7,8 1/6

(3)K,K,4,5,6,7 2/6

(4)K,K,K,4,5,6 3/6

(5)K,K,K,K,4,5 4/6

(6)K,K,K,K,K,4 5/6

(7)K,K,K,K,K,K 6/6

由上面的例子可得,抽出K的概率可用下式进行计算:

$$P_{(A)} = \frac{m}{n}$$

式中 $P_{(A)}$——$A$ 事件出现的概率即抽出K的概率;

$m$——有利于 $A$ 事件出现的结果总数;

$n$——可能出现的结果总数。

必须指出的是,上述计算简单随机事件概率公式只适用于古典概型事件。所谓古典概型事件,是指试验中的所有可能结果都是等可能的。例如:骰子是一个立方体,具有1、2、3、4、5、6面且各面发生的机会是相等的,即符合等可能性的条件,所以属古典概型事件。

利用上面的公式可以解决水文上的实际问题吗?我们先来看一个实际例子,某水文站的日降雨量为0.1~5.0 mm、5.1~10.0 mm、10.1~15.0 mm等,其中各组的组距(级差)均为5 mm,各组可能出现的结果数是相等的,而可能出现的结果总数却是无限的。所以,用上面的公式 $P_{(A)} = \frac{m}{n}$ 不能求出某数值出现的可能性。

## 2.3 频率

为了解决上面实际问题中出现的概率,我们引入了频率这个概念,即水文上常用的经验频率。随机事件 $A$ 在 $n$ 次试验中,实际出现了 $m$ 次,那么事件 $A$ 在 $n$ 次试验中出现的频率为 $P_{(A)} = \frac{m}{n}$。例如,抛硬币试验结果见表1-3。

表1-3 抛硬币试验结果

| $n$ | 100 | 200 | 300 | 400 | 500 | 600 | 4 040 | 12 000 | 24 000 |
|---|---|---|---|---|---|---|---|---|---|
| $m$(正) | 69 | 139 | 198 | 261 | 337 | 401 | 2 048 | 6 019 | 12 014 |
| $P_{(A)}$ | 0.69 | 0.695 | 0.66 | 0.653 | 0.674 | 0.668 | 0.507 | 0.501 6 | 0.500 5 |

由上例可以看出,随着试验次数 $n$ 的增加,$P_{(A)}$ 的频率逐渐趋于一个稳定的值,此值就是概率。概率和频率的关系如下:

概率指事件可能出现结果的抽象数,它是客观存在的,是一个理论值。频率指事件实际出现的具体数,它是试验结果的经验值。当试验次数不断增加时,频率逐渐接近于概率。

水文现象自古至今都在发生、发展、演变过程中,随机事件可能出现的结果总数是无限的,只能将有限的水文资料看成是多次重复试验的结果,用频率作为概率的近似值。

### 2.4 重现期

#### 2.4.1 定义

重现期是指随机事件在长期过程中平均多少年出现一次,称为多少年一遇,一般是用 $T$ 来表示的。例如,$P=5\%$,即表示平均 100 年可以出现 5 次,或者平均 20 年出现一次,亦即重现期 $T=20$ 年,称为 20 年一遇。

#### 2.4.2 频率与重现期的关系

(1)$T=\frac{1}{P}(P<50\%)$,该公式在研究暴雨和洪水时使用。

(2)$T=\frac{1}{1-P}(P>50\%)$,该公式在研究枯水径流(灌溉、发电、供水)时使用。

必须强调的是,因为水文现象一般并无固定的周期,所谓"多少年一遇",是指长期过程中的平均情况。如"百年一遇"洪水,表示大于或等于某一级别的洪水是平均 100 年出现一次,但并不意味着每隔 100 年就必须遇上一次。此处着重强调的是长期过程中的平均情况,对于某个历史时段(如 1900 ~ 1999 年)具体的 100 年来说,等于或大于这个级别的洪水可能出现几次,也有可能一次未出现。

## 3 随机变量及其频率分布

### 3.1 随机变量

若随机事件的每次试验结果可用一个变量 $x$ 来表示,$x$ 随着试验结果的不同而取得不同的数值,但在一次试验中究竟出现哪一个数值,事先并不知道,且每一个取值都对应一定的可能性(概率或者频率),我们将这种随试验结果不同而发生变化的变量称为随机变量。

随机变量按照可能取值的情况可分为两种基本类型:

(1)离散型随机变量:随机变量的一切取值是有限的,这些数值可以逐个写出来,并且相邻两个值之间不存在中间值。如:投掷骰子试验的结果用随机变量 $X$ 来表示,其取值 $x_i$ 为 1,2,3,4,5,6 点,我们不能说取值为 1.2 等。也就是说,取某些区间内离散的数值。再如:班内需要部分学生去值日,去 3、5、10 个人,而不能说去 3.8、4.1 个人。

(2)连续型随机变量:随机变量可以取一个有限区间内的任何数值。水文上的许多变量都是连续型随机变量,如年降水量、年径流量、洪峰流量等。

随机变量和其他普通数学变量的主要区别在于:它取什么值在试验之前是无法准确知道的,只有在随机试验发生以后才能确定,各个取值对应的概率(或频率)大小有些是相等的,有些是不相等的。

在数理统计中,把随机变量所有取值的全体称为总体。从总体中任意抽取的一部分称为样本。样本所包含的项数称为样本容量。水文上的随机变量总体都是无限的,实际无法获得。因此,在水文分析计算中,遇到的都是样本资料。

用有限的样本去估计总体必然会产生一定的误差。这种由随机抽样而引起的误差,称为抽样误差。随着科学技术的发展,以及资料和经验的积累,这个抽样误差会越来越小,也就是说,总体的规律我们会通过样本来逐步认识。

### 3.2　随机变量的频率分布

随机变量在随机试验中可以取得所有可能值中的任何一个,而且每一个取值都对应一定的概率,有的概率大,有的概率小,将随机变量各个取值与其概率之间的一一对应关系称为随机变量概率分布或分布律。

连续型随机变量由于其可能取值是无限个,而且取个别值的概率趋近于零,因而无法研究取个别值的概率,只能研究在某个区间取值的概率分布规律。例如:某地的年降水量值为600~700 mm,也就是说,在此区间雨量每年发生的机会最大,但是实际就某一具体数值而言(650 mm)发生的机会却很小,甚至不可能。因此,水文上对于连续型随机变量,除了研究某个区间值的概率分布,更多的是研究随机变量的取值大于或等于某一数值的概率 $P(X \geqslant x_i)$。当然,有时也研究 $X$ 的取值小于或等于某值的概率 $P(X \leqslant x_i)$。而且二者之间可以相互转换,通常研究前者的比较多,如暴雨、洪水、年径流等。由于在水文上遇到的都是样本资料,因而要用样本的频率分布规律去估计总体的概率分布规律,所以我们重点是讨论频率分布。现在以表1-4分组统计的年降水量为例来分析水文变量的频率分布。

**表1-4　某站年降水量分组统计计算**

| 序号 | 年降水量(mm)<br>组距 $\Delta x = 100$ mm | 各组出现的次数<br>(次) | 累计出现次数<br>(次) | 各组出现频率 $P_i$<br>(%) | 累计频率 $P$<br>(%) |
|---|---|---|---|---|---|
| ① | ② | ③ | ④ | ⑤ | ⑥ |
| 1 | 900~999 | 1 | 1 | 1.6 | 1.6 |
| 2 | 800~899 | 3 | 4 | 4.7 | 6.3 |
| 3 | 700~799 | 5 | 9 | 7.8 | 14.1 |
| 4 | 600~699 | 12 | 21 | 18.7 | 32.8 |
| 5 | 500~599 | 23 | 44 | 36.0 | 68.8 |
| 6 | 400~499 | 12 | 56 | 18.7 | 87.5 |
| 7 | 300~399 | 5 | 61 | 7.8 | 95.3 |
| 8 | 200~299 | 3 | 64 | 4.7 | 100 |
| 总计 | | 64 | | 100 | |

注:累计频率是指等于或大于某随机变量出现的频率。

由表1-4的第②栏和第③栏在米粒格纸上可以绘出图1-2,由表1-4的第②栏和第⑥栏可以绘出图1-3。

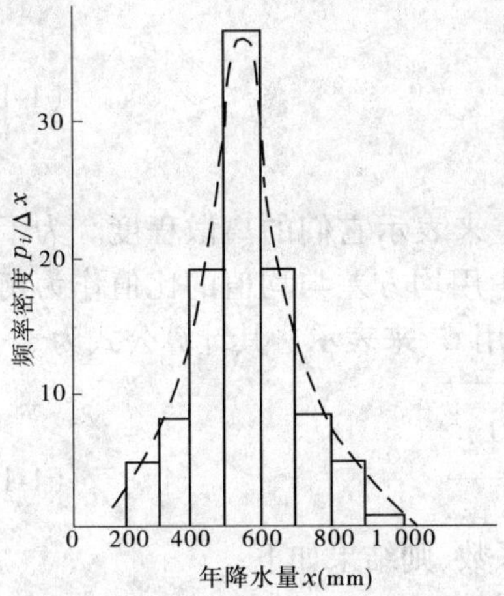


图 1-2 年降水量频率分布直方图

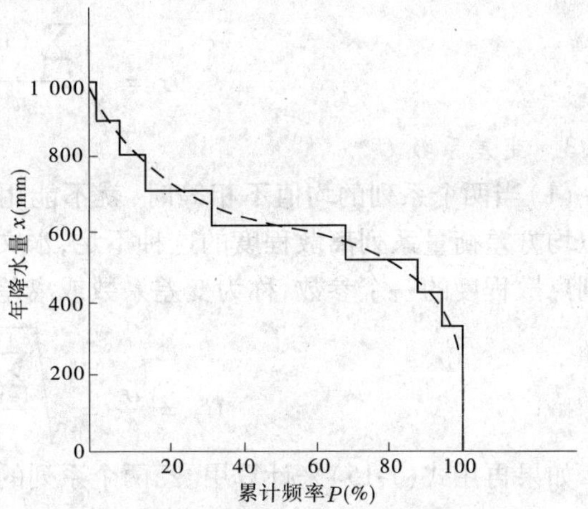


图 1-3 年降水量累计频率曲线

由图 1-2 可知,各组雨量所出现的频率是中间大两边小,即年降水量的特大值和特小值出现机会都较小,而接近多年平均值的雨量出现的机会大。当分组组距无限缩小时,则频率分布直方图的外包线接近于比较光滑的铃形曲线(图中的曲线)。由图 1-3 可知,累计频率分布图为一阶梯状图,每个台阶的宽度反映了该组降水量出现的频率大小。同样地,当分组组距无限的缩小时,图 1-3 中的阶梯图的中心线近似一条 S 形的曲线(图中的曲线),或者是将铃形曲线积分后即可得到累计频率曲线。由图 1-3 中的曲线可查得年降水量大于 660 mm 的累计频率为 27%,也就是说平均 100 年内有 27 年的年降水量超过(大于)660 mm。水文计算一般将累计频率称为频率,累计频率曲线称为频率曲线。

## 3.3 随机变量的统计参数

随机变量的频率分布曲线比较完整、严格地描述了随机变量的统计规律,在数学上我们都可以用方程来表示随机变量的频率分布曲线,但是在很多实际问题中,较难确定随机变量的频率分布规律或者说不一定要用完整的形式来说明随机变量的分布规律,这时我们就可用一些统计参数(或数字特征)来描述随机变量频率分布的重要信息。在水文上常用的统计参数有以下几个。

### 3.3.1 算术平均数(数学期望值、期望值)$\bar{x}$

设随机变量的样本系列为 $x_1,x_2,x_3,\cdots,x_n$,则其算术平均数可用下式计算

$$\bar{x} = \frac{x_1 + x_2 + x_3 + \cdots + x_n}{n} = \frac{1}{n}\sum_{i=1}^{n} x_i \tag{1-13}$$

算术平均数又称为均值,它反映的是样本系列的平均水平,它的位置一般落在频率分布曲线与 $x$ 轴包围面积的形心处,说明随机变量出现的数值是围绕均值分布的,即均值是它的分布中心。

### 3.3.2 均方差

均方差表示随机变量在均值两侧的离散程度,适用条件是均值相等。均方差用 $\sigma$ 表示,计算公式为

$$\sigma = \sqrt{\frac{\sum_{i=1}^{n}(x_i - \bar{x})^2}{n-1}} \tag{1-14}$$

3.3.3 变差系数 $C_v$

(1)当两个系列的均值不相等时,就不能用均方差来表示它们的离散程度。为了克服以均方差衡量系列离散程度的这种不足,水文统计中用均方差与均值的比值作为衡量系列离散程度的一个参数,称为变差系数或离差系数,用 $C_v$ 来表示。其计算公式为

$$C_v = \frac{\sigma}{\bar{x}} = \sqrt{\frac{\sum_{i=1}^{n}(k_i - 1)^2}{n-1}} \tag{1-15}$$

如果再用式(1-15)来计算甲、乙两个系列的变差系数,则结果如下:

$$C_{v甲} = 0.5, \quad C_{v乙} = 0.005$$

这就说明甲系列的相对离散程度远比乙系列的相对离散程度大。

(2)$C_v$ 的影响因素:流域面积、形状、地形、计算时段。

(3)$C_v$ 的一般变化规律:北方大南方小、内陆大沿海小、山区大平原小。

3.3.4 偏差(态)系数 $C_s$

它反映随机变量系列各变量在均值两侧的对称程度,常用 $C_s$ 来表示。

样本的计算公式为

$$C_s = \frac{\sum_{i=1}^{n}(x_i - \bar{x})^3}{(n-3)\bar{x}^3 C_v^3} = \frac{\sum_{i=1}^{n}(k_i - 1)^3}{(n-3)C_v^3} \tag{1-16}$$

总体的计算公式为

$$C_s = \frac{\sum_{i=1}^{n}(x_i - \bar{x})^3}{n\,\bar{x}^3 C_v^3} = \frac{\sum_{i=1}^{n}(k_i - 1)^3}{n\,C_v^3} \tag{1-17}$$

(1)当样本系列中各值在均值两侧对称分布时,$C_s = 0$,称为正态分布。

(2)当 $C_s > 0$ 时,称为正偏态分布,它表示小于或等于均值的数值出现的机会多,称为正偏系列。

(3)当 $C_s < 0$ 时,称为负偏态分布,它表示大于或等于均值的数值出现的机会多。

# 4 相关分析

## 4.1 样本资料的审查

样本资料是统计分析的基础,它的特性将直接影响分析的结果。因此,在进行具体的分析计算之前,应首先做好样本资料的审查,要尽可能地提高样本资料的质量,这是一个非常重要的环节。一般样本的质量主要反映为“三性”:可靠性、一致性和代表性。

### 4.1.1 样本资料的可靠性审查与修正

样本资料的可靠性是指样本资料的可靠程度,从一定意义上讲就是样本资料是否存在较大的误差和错误。样本资料的来源是水文年鉴、水文资料数据库、水文调查资料等。

如:水位资料审查的重点是对基面和水准点以及各个水尺零点高程的考证,检查有无变动及错误;流量资料有实测资料和调查资料,实测资料审查的重点是流速仪检定情况和施测的工作条件,浮标系数的确定方法,水位流量关系曲线的变化规律和各影响因素的处理方法;调查资料审查的重点是调查洪水资料(高水延长的合理性)和枯水资料(人类活动的影响)。

可靠性审查中发现的问题往往是由人为因素或客观因素造成的误差和错误,种类可能比较多,因而修正方法也多种多样,应结合资料的测、算、整、查等方面分别进行修正。

#### 4.1.2 样本资料的一致性审查与还原

样本资料的一致性是指样本资料前后是否在同一条件下产生,也就是它的成因应该前后一致。在水文分析当中,样本一致性的好坏主要表现为人类活动对水文过程的影响,集中体现在人类活动对流域下垫面条件的改变上。对于径流资料来说,其影响因素为气候条件和下垫面条件,一般气候条件在短期内不会有明显的变化;而下垫面条件在人类活动的干预下经常会发生较大变化,从而影响径流的形成机制。如:兴建水库前后、水土保持措施实施前后、河道整治前后、灌溉引水前后等。

当样本资料的一致性遭到破坏后,应对样本资料进行还原计算,也就是要把样本资料还原到天然状态,还原的方法较多,如水量平衡法、流域模型法、降雨径流相关法等。这些方法由于资料的限制都较为粗糙。下面我们了解一下水量平衡法的计算公式。

$$W_{天然} = W_{实测} + W_{还原} = W_{实测} + W_{灌溉} + W_{工业} \pm W_{库损} + W_{库蓄} \pm W_{跨引} \pm W_{分洪} \tag{1-18}$$

式中 $W_{天然}$——还原后的天然流量;

$W_{实测}$——水文站实测流量;

$W_{还原}$——需要还原的水量;

$W_{灌溉}$——灌溉用水量(站上用净灌,站下用毛灌);

$W_{工业}$——工业净用水量;

$W_{库损}$——水库蒸发、渗漏损失量;

$W_{库蓄}$——水库蓄水的变化量(蓄水增加为正,减少为负);

$W_{跨引}$——跨流域引水量(引出为正,引入为负);

$W_{分洪}$——河道分洪水量(分出为正,分入为负)。

#### 4.1.3 样本资料的代表性审查和展延

样本资料的代表性是指样本的统计特性(如统计参数)能否很好地反映总体的统计特性。代表性好是指样本系列的统计参数与总体的统计参数数值相近或是抽样误差较小。对于水文样本资料,要衡量其代表性的好坏,由于总体是未知的,故无法从样本资料系列本身进行评价。但根据抽样误差的变化规律,一般样本容量愈大,抽样误差就愈小,也就表明样本的代表性愈高。而在实际工作中样本容量到底多大时代表性才好,这是不易确定的。因此,样本资料的代表性审查,通常可由其他长系列的参证资料作对比分析推理。

方法如下:

如对年径流样本系列进行代表性审查,可选择与本站(以下称为设计站)实测年径流系列在成因上有联系，且本身可靠性、一致性较好，具有相对更长资料系列 $N$ 年的参证变量。分别用矩法公式计算参证站长系列资料 $N$ 年的统计参数与设计站 $n$ 年资料同期的短系列的统计参数，如果它相等或相近，就认为参证站 $n$ 年的短系列资料对 $N$ 年的长系列资料具有代表性，从而也推论设计站 $n$ 年具有代表性。

## 4.2　相关分析

### 4.2.1　相关分析的基本概念

#### 4.2.1.1　概念

研究分析两个或两个以上变量之间的关系就称为相关分析。如降雨径流、水位流量等。相关分析是水文统计中的一种基本方法，有时也称回归分析法。

#### 4.2.1.2　研究目的

在水文计算中，相关分析是求出有关系的随机变量之间的相关曲线或者是相关方程，用它来展延和插补短期的水文系列，以便提高水文系列的代表性和水文计算成果的可靠性。

#### 4.2.1.3　相关的分类

(1)简相关。研究两个随机变量之间的相关关系一般称为简相关，两个变量之间的相关关系有如下三种情况：

①完全相关（函数关系），这种情况在水文中很少见，而在物理、化学试验中常见。通常一个变量对应一个或几个变量，变量间是直线或曲线关系。

②零相关（没有关系），两变量间没有任何联系。

③统计相关（相关关系），变量间的相互关系既不像函数那样关系密切，也不是没有关系，是介于前两者之间。变量与变量的相关点据呈带状趋势，这种趋势可用数学方程近似拟合。这种关系在水文中应用很多，如果关系较好，则可用来插补延长水文样本系列。

相关分析有两个任务：一是判断两变量相关关系的密切程度（相关系数的大小），二是确定两个变量之间相关关系（数学方程或回归方程）。

(2)复相关。研究两个以上变量之间的相关关系称为复相关，在水文上简单的直线相关应用较多，因此我们下面主要了解简单的直线相关。

### 4.2.2　简单的直线相关

#### 4.2.2.1　相关图解法

适用条件：相关点分布集中，可直接目估定线。

参证站的选择条件：

(1)该站的径流条件成因与设计站的相似；

(2)流域自然地理条件相近；

(3)相邻流域或上下游、干支流的关系；

(4)同步资料在 10 年以上，且具有长期($n \geq 20$)实测资料。

相关线的方程：

设 $x$ 为参证站的变量，$y$ 为设计站的变量，同步资料（平行观测期）有 $n$ 年，则以 $x$ 为横坐标，$y$ 为纵坐标，将同步相关点据点绘到方格纸上，分析点群趋势，然后通过点群中心目估定出相关线，则相关线的方程为 $y = bx + a$，式中的参数 $a$、$b$ 可通过数学方法确定出来。

应用该法应注意:

(1)相关点均匀分布在相关线的两侧,并尽量使离差平方和最小;

(2)相关线应通过同步系列的均值点;

(3)个别偏离较远的点据,应单独分析,查明原因,进行适当的修正;

(4)相关线的应用,用直线方程和参证站系列 $x$ 即可求出设计站系列缺测值 $y$。

4.2.2.2 相关计算法

适用条件:点据分散,难以目估定线。

原理:相关线与相关点据配合最佳的条件可由数学上的分析得出,实测值与计算值之间的离差平方和 $\sum(\Delta y)^2_{\min}=\sum(y_i-y)^2_{\min}=\sum(y_i-a-bx_i)^2_{\min}$,要满足上述条件,须对方程 $y=bx+a$ 的参数 $a$、$b$ 求一阶偏导数,并且使其均等于零,即

$$\left.\begin{aligned}\frac{\partial\sum(y_i-a-bx_i)}{\partial a}=0\\\frac{\partial\sum(y_i-a-bx_i)}{\partial b}=0\end{aligned}\right\}$$

解方程组可得

$$\left.\begin{aligned}a&=\bar{y}-r\frac{\sigma_y}{\sigma_x}\bar{x}\\b&=r\frac{\sigma_y}{\sigma_x}\end{aligned}\right\}\tag{1-19}$$

式中 $\bar{x}$、$\bar{y}$——同步系列均值;

$\sigma_x$、$\sigma_y$——同步系列均方差;

$r$——相关系数。

$r$ 的计算公式如下

$$r=\frac{\sum(x_i-\bar{x})(y_i-\bar{y})}{\sqrt{\sum(x_i-\bar{x})^2\sum(y_i-\bar{y})^2}}=\frac{\sum(k_{xi}-1)(k_{yi}-1)}{\sqrt{\sum(k_{xi}-1)^2\sum(k_{yi}-1)^2}}\tag{1-20}$$

当 $r=0$ 时,为零相关;

当 $r=\pm1$ 时,为完全相关;

当 $-1<r<0$ 或 $0<r<1$ 时,为统计相关。

相关分析对系列的要求:

(1)同步系列 $n\geq10$;

(2)相关系数 $r>0.8$。

相关方程(回归方程)的确定:将上述 $a$、$b$ 代入 $y=bx+a$ 可得。

$y$ 倚 $x$ 的回归方程

$$y=\bar{y}-r\frac{\sigma_y}{\sigma_x}\bar{x}+r\frac{\sigma_y}{\sigma_x}x=\bar{y}+(x-\bar{x})r\frac{\sigma_y}{\sigma_x}\tag{1-21}$$

$x$ 倚 $y$ 的回归方程:

$$x = \bar{x} - r\frac{\sigma_x}{\sigma_y}\bar{y} + r\frac{\sigma_x}{\sigma_y}y = \bar{x} + (y - \bar{y})r\frac{\sigma_x}{\sigma_y} \tag{1-22}$$

其中，$r\frac{\sigma_y}{\sigma_x}$和$r\frac{\sigma_x}{\sigma_y}$是回归线的斜率，一般称为回归系数，分别记为$R_{\frac{y}{x}}$和$R_{\frac{x}{y}}$。

## 5　频率计算

### 5.1　概述

频率计算是水文统计中最常用的方法之一，其实质就是在资料审查的基础上，由水文样本资料系列的频率分布(或统计参数)去估计总体的概率分布(或统计参数)，并由此对河流未来情势作出较为科学的预估，为水利工程的规划设计和施工、管理运用提供合理的水文数据。

### 5.2　经验频率曲线

#### 5.2.1　概念

根据某水文要素(随机变量)的实测样本资料系列，将其由大到小排列，计算排队后各值对应的累计频率，在专用的方格纸上(也称频率格纸)点绘经验频率点据，目估且通过点群中心绘制一条光滑曲线即经验频率曲线。

#### 5.2.2　经验频率的计算公式

$$P = \frac{m}{n} \times 100\% \tag{1-23}$$

式中　$P$——随机变量取值大于或等于某值出现的累计频率(%)；

$m$——系列按从大到小排序时的序号；

$n$——样本系列的容量(也就是水文资料的年数)。

式(1-23)中当$m < n$时，$P < 100\%$；当$m = n$时，$P = 100\%$。当用式(1-23)计算总体时，其频率是合理的；当计算样本时，则频率$P$就不符合实际情况了。例如上一节年降水量频率计算中，当$x \geqslant 200$ mm时，$P = 100\%$，这说明此处年降水量大于等于200 mm发生的可能性是100%，即年降水量一定大于200 mm，这显然是不合乎实际情况的，因此我国水文上现在采用的经验频率计算公式为

$$P = \frac{m}{n+1} \times 100\% \tag{1-24}$$

水文上计算经验频率一般不分组，而是采用将变量数值由大到小或由小到大排列来计算的。

#### 5.2.3　经验频率曲线的绘制

(1)计算经验频率；

(2)点绘经验点据(在频率格纸上)；

(3)通过点群中心绘制一条光滑的曲线。

#### 5.2.4　经验频率曲线在应用中存在的问题

(1)由短期的实测水文资料绘制；

(2)目估定线，因人而异；

(3)不能满足工程设计要求(工程上要查算的大部分是一些小频率的数值,在经验频率曲线上查不出来);

(4)设计值不稳定(若将曲线延长,则因无点据控制,任意性较大,会直接影响设计成果的正确性)。

### 5.2.5 外延的目的

(1)解决工程设计需求;

(2)统一标准;

(3)综合对比;

(4)使设计成果更加合理并趋于实际。

### 5.2.6 外延方法

利用理论频率曲线进行外延。

## 5.3 理论频率曲线

### 5.3.1 概念

目前,水文计算中所谓的"理论频率曲线"是指具有一定数学方程的频率曲线。它并不是从水文现象的物理成因方面推导出来的,而是根据大量实测资料的分布趋势从数学中已知频率曲线中挑出来的。因此,它不能从根本上揭示水文现象的总体分布规律,只是作为一种数学工具,以弥补经验频率曲线的不足。我国现在主要采用的是皮尔逊Ⅲ型曲线,有个别地区也采用克闵曲线。我们下面主要介绍皮尔逊Ⅲ型曲线。

### 5.3.2 皮尔逊Ⅲ型曲线简介(P-Ⅲ)

1895年,英国的生物学家皮尔逊经过统计分析了大量的物理和生物、经济方面的实验资料后,发现并提出了随机变量非正态分布的频率分布曲线共13种,其中第三种曲线的形状与我国水文变量的分布规律吻合得较好,因此P-Ⅲ型曲线在我国应用最为广泛。

根据P-Ⅲ型曲线的数学特征我们可以得到它的频率密度函数为

$$f(x) = \frac{\beta^{\alpha}}{\Gamma(\alpha)}(x - a_0)^{\alpha-1} e^{-\beta(x-a_0)} \tag{1-25}$$

式中 $f(x)$——频率密度函数;

$x$——随机变量;

$\Gamma(\alpha)$——伽玛函数;

$\alpha$、$\beta$、$a_0$——参数。

经过数学上的推导后,可以得到$\alpha$、$\beta$、$a_0$三个参数与随机变量的三个统计参数$\bar{x}$、$C_v$、$C_s$之间的关系式如下:

$$\alpha = \frac{4}{C_s^2}$$

$$\beta = \frac{2}{\bar{x}C_v C_s}$$

$$a_0 = \bar{x}\left(1 - \frac{2C_v}{C_s}\right)$$

当$\bar{x}$、$C_v$、$C_s$确定后,随机变量的P-Ⅲ型分布曲线方程即可确定,由前面可知水文上

需要的是累计频率曲线,也就是需对频率密度函数进行积分。设等于或大于 $x_P$ 累计频率为 $P$,则

$$P = f(x) = \frac{\beta^{\alpha}}{\Gamma(\alpha)}\int_{x_p}^{+\infty}(x - a_0)^{\alpha-1}e^{-\beta(x-a_0)}dx \tag{1-26}$$

为了简化水文分析计算,将式(1-26)经过数学上的推导后可得到水文上常用的计算公式

$$x_P = (\Phi_P C_v + 1)\bar{x} = K_P\bar{x} \tag{1-27}$$

式中　$\Phi_P$——离均系数,是 $P$ 与 $C_s$ 函数;

　　$K_P$——模比系数,是 $P$ 与 $C_v$、$C_s/C_v$ 的函数。

**【例 1-2】**　已知 $\bar{x}=571$ mm,$C_v=0.2$,$C_s=2$,求当 $P=1\%$ 时 $\Phi_P$ 和 $K_P$ 值。

**解**:由 $P=1\%$、$C_v=0.2$、$C_s=2$,查附表 1 得 $\Phi_P=2.62$,$K_P=1.52$。

### 5.3.3　三个统计参数对频率曲线的影响

为了使理论曲线与经验点据配合较好,可调整 $\bar{x}$、$C_v$、$C_s$ 来改变曲线的形状和位置,使得线和点配合最佳,为此我们首先要来了解一下三参数对曲线的影响,即参数改变后曲线如何变化。

#### 5.3.3.1　均值对频率曲线的影响

当 $C_v$、$C_s$ 不变,而 $\bar{x}$ 改变时,由公式 $x_P=K_P\bar{x}$ 可知,曲线横坐标不变,而纵坐标上下平行移动,如图 1-4 所示。

当 $\bar{x}$ 增大时,曲线整体向上平移;

当 $\bar{x}$ 减小时,曲线整体向下平移。

#### 5.3.3.2　$C_v$ 对频率曲线的影响

当均值 $\bar{x}$、$C_s$ 不变时,$C_v$ 改变后频率曲线的变化如图 1-5 所示,当 $C_v$ 增大时,曲线上方和下方变陡,即曲线上方向上、下方向下;当 $C_v$ 减小时,曲线上方和下方变缓,即曲线上方向下、下方向上。

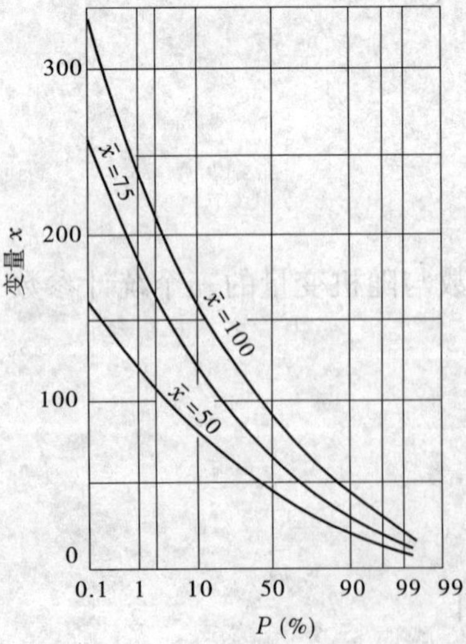


图 1-4　均值对频率曲线的影响

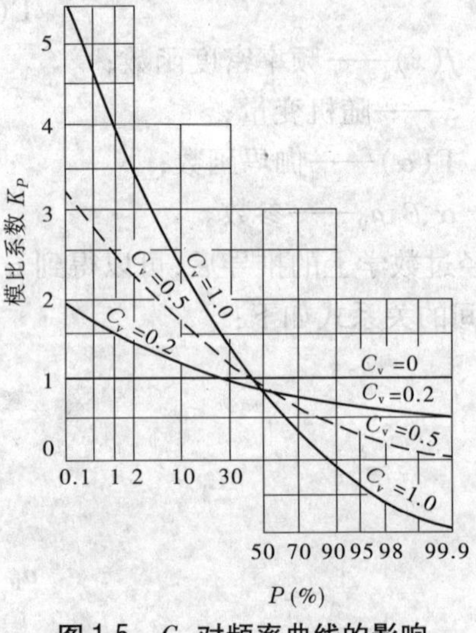


图 1-5　$C_v$ 对频率曲线的影响

5.3.3.3 $C_s$ 对频率曲线的影响

当均值 $\bar{x}$、$C_v$ 不变,且 $C_s > 0$ 时,曲线变化如图1-6所示。当 $C_s$ 增大时,曲线上方向上,中间向下,下方向上;当 $C_s$ 减小时,曲线上方向下,中间向上,下方向下。

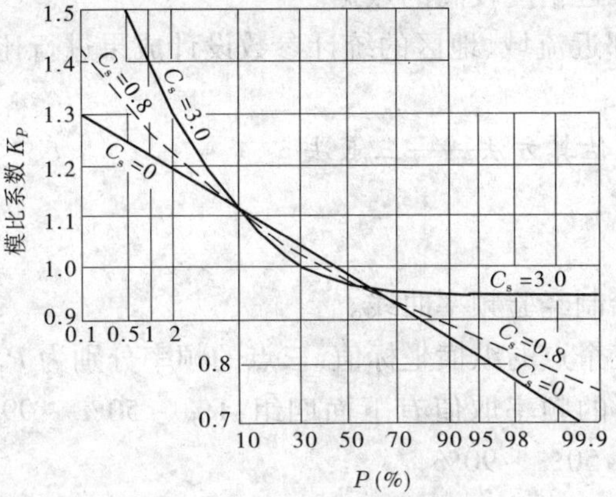


图1-6 $C_s$ 对频率曲线的影响

## 5.4 现行频率计算方法——适线法

### 5.4.1 适线法

提出理论曲线的主要目的是解决经验频率曲线的外延和精度问题。通常由样本资料用一定的方法(矩法公式、三点法等)求出其三个统计参数,而样本统计参数都具有抽样误差,有时还存在系统偏差,使得它和总体的统计参数有一定的差别,从而使样本统计参数相对应的P-Ⅲ型样本曲线不能很好地反映总体的分布规律。因而,在实际应用中通过调整三个统计参数使P-Ⅲ型样本曲线和经验点配合最佳,从而尽可能地减小抽样误差和系统误差。这个过程便称为适线法。其步骤如下:

(1)计算经验频率。将审查后的水文样本资料按由大到小顺序排队,用公式 $P = \frac{m}{n+1} \times 100\%$ 计算各变量对应的经验频率。

(2)点绘经验点据(在频率格纸上)。

(3)估算三个统计参数初始值(矩法、三点法)。$C_s$ 的值不用计算,而是假定一个 $C_s/C_v$ 的倍数来表示。

(4)假定一组频率 $P$ 与统计参数初始值查P-Ⅲ型曲线模比系数 $K_P$ 值表即附表2可得到一组 $K_P$ 值,利用公式 $x_P = K_P\bar{x}$ 算出一组对应的 $x_P$ 值。

(5)点绘理论点据:用$(P, x_P)$在频率格纸上点绘理论点据,用光滑的曲线将理论点据连起来即可得到理论频率曲线。

(6)观察理论曲线与经验点据配合情况,若配合好则进行第(8)步,配合不好则进行下一步。

(7)调整统计参数,调整的顺序为 $C_s$、$C_v$、$\bar{x}$,再进行第(4)步。

(8)得到理论频率曲线采用的统计参数值。

### 5.4.2 适线时应注意的问题

(1)理论线应通过点群中心,曲线上、下方的点据离差大约相等。

(2)研究暴雨洪水等小频率问题时,如果同时照顾曲线的上、中、下部有困难,则可适当照顾中上部分,下部的可适当放宽;研究枯水径流等大频率问题时,如果同时照顾曲线的上、中、下部有困难,则可适当照顾曲线的中下部分,上部可适当地放宽。

(3)曲线应当尽量靠近精度较高的点据。

(4)适线结果可与邻近流域、地区的统计参数设计成果进行比较,应该符合其变化规律。

#### 5.4.3 统计参数初始值估算方法——三点法

(1)计算经验频率 $P$。

(2)点绘经验点据。

(3)通过点群中心绘制经验频率曲线。

(4)在曲线上查读三个点的纵横坐标值,三点的频率分别为 $P_1$、$P_2$、$P_3$,对应的变量值分别为 $x_{P1}$、$x_{P2}$、$x_{P3}$,三点的频率取值有下面四组:1% ~50% ~99%、3% ~50% ~97%、5% ~50% ~95%、10% ~50% ~90%。

(5)将三点的坐标值代入下面公式:

偏态系数 $C_s$:偏度系数 $S=\dfrac{x_{P1}+x_{P2}+x_{P3}}{x_{P1}-x_{P3}}$,它是 $P$ 和 $C_s$ 的函数,算出后可查附表 2 得到 $C_s$ 的值;由 $C_s$ 值查附表 1 得到离均系数 $\varPhi_P$ 的值。

均方差

$$\sigma=\frac{x_{P1}-x_{P3}}{\varPhi_{P1}-\varPhi_{P3}}$$

均值

$$\bar{x}=x_{P2}-\sigma\varPhi_{P2}=x_{50\%}-\sigma\varPhi_{50\%}$$

偏差系数 $C_v$

$$C_v=\frac{\sigma}{\bar{x}}$$

## 思考题与练习题

1-1　什么是水资源?水资源为什么具有可恢复性?

1-2　我国水资源利用存在的问题及其对策是什么?

1-3　水文现象有哪些基本规律?相应地要采用哪些研究方法?

1-4　什么是水文学?什么是水体?水文学是如何进行分类的?

1-5　什么是水文循环、大循环、小循环?

1-6　什么是蒸发和散发?影响水面蒸发和土壤蒸发的因素都有哪些?

1-7　试比较流域平均降雨量三种计算方法的特点。

1-8　简述径流的形成过程。

1-9　什么是频率与概率?二者有什么区别与联系?

1-10　什么是重现期?其计算公式是什么?“百年一遇”的含义是什么?

1-11 经验频率曲线与理论频率曲线有哪些异同点？我国采用的P－Ⅲ型频率曲线的依据是什么？

1-12 适线法的实质是什么？如何适线？

1-13 选取某一工程控制流域地形图，绘制流域分水线并量算其流域面积、河道纵比降。

1-14 某水库流域面积为60.5 $km^2$，流域平均降雨量为600 mm，由水库所在地区水文手册查得多年平均径流深为92.5 mm。试计算该流域多年平均年径流量、多年平均流量、多年平均径流模数、径流系数。

1-15 已知某流域年径流深 $Y$ 和年降水量 $H$ 同期呈直线相关，且 $Y=760$ mm，$R=$ 1 200 mm，$\sigma_y=160$ mm，$\sigma_H=125$ mm，相关系数 $r=0.90$，试写出 $Y$ 倚 $H$ 的相关方程。已知该流域2000年年降水量为1 800 mm，试求2000年的年径流量。

1-16 设有一水文系列：100，70，80，40，90。试求该系列的均值，模比系数，均方差 $\sigma$，变差系数 $C_v$，偏态系数 $C_s$。

1-17 某站年降水量统计表如表1-5所示，试根据表1-5采用适线法计算该站100年一遇的年降水量。

**表1-5 某站年降水量统计表**（单位：mm）

| 年份 | 年降水量 | 年份 | 年降水量 | 年份 | 年降水量 | 年份 | 年降水量 | 年份 | 年降水量 |
|---|---|---|---|---|---|---|---|---|---|
| 1935 | 476 | 1948 | 285 | 1961 | 549 | 1974 | 841 | 1987 | 556 |
| 1936 | 486 | 1949 | 528 | 1962 | 702 | 1975 | 386 | 1988 | 526 |
| 1937 | 905 | 1950 | 583 | 1963 | 563 | 1976 | 565 | 1989 | 548 |
| 1938 | 207 | 1951 | 618 | 1964 | 612 | 1977 | 623 | 1990 | 627 |
| 1939 | 472 | 1952 | 388 | 1965 | 760 | 1978 | 558 | 1991 | 672 |
| 1940 | 513 | 1953 | 609 | 1966 | 658 | 1979 | 585 | 1992 | 514 |
| 1941 | 598 | 1954 | 817 | 1967 | 528 | 1980 | 784 | 1993 | 346 |
| 1942 | 580 | 1955 | 464 | 1968 | 802 | 1981 | 561 | 1994 | 530 |
| 1943 | 436 | 1956 | 626 | 1969 | 554 | 1982 | 488 | 1995 | 491 |
| 1944 | 229 | 1957 | 446 | 1970 | 643 | 1983 | 543 | 1996 | 512 |

# 项目2 水文资料的收集

## 任务1 水文测站与降水测算

### 1 水文站

**1.1 水文站的任务和分类**

1.1.1 水文站

水文站是进行水文观测的基层单位，是收集水文资料的基本途径之一。水文站在地理上的分布网称为水文站网，水文站的观测项目有水位、流量、降水、蒸发、泥沙、冰情、水质、水温、土壤含水量等。

1.1.2 水文站的分类

(1)按测验项目分：水位站、流量站、雨量站、水质监测站等。

(2)按经办单位分：国家站、群众站。

(3)按测验性质分：①基本站，它是由国家统一规划建立的永久性水文站，是为内插任何地点的水文特征值而设立的，如水文站、水位站、雨量站等；②专用站，指为某项工程或者某专门目的而设立的；③实验站，指对某水文现象变化过程和水体进行研究而设立的，如径流实验站、河口实验站、河床演变实验站、湖泊实验站、沼泽实验站。

1.1.3 水文站的任务

观测各种水文要素，进行水文资料整编、水文调查、水文预报、水文计算、水文研究、水文指导等。

**1.2 水文测站的设立**

1.2.1 测验河段的选择

1.2.1.1 选择条件

(1)便于生活、容易到达，尤其是在洪水期；

(2)必须满足设站的目的和要求；

(3)便于进行测验和整编；

(4)能保证测验成果具有一定的精度；

(5)洪水期、枯水期均能够观测到水文资料。

1.2.1.2 具体要求

(1)流速垂直于横断面，各点流速应尽量相互平行；

(2)垂线上和沿河宽的流速分布曲线是有规则的；

(3)流速大于0.1~0.15 m/s；

(4)水深大于0.3 m;

(5)河床稳定而有规则;

(6)水流不至于漫出河道堤岸;

(7)不长水草;

(8)干、支流汇合口上游附近所引起的变动回水范围之外;

(9)离开运转频繁的码头。

### 1.2.2 布设断面

#### 1.2.2.1 基本水尺断面

一般布设于测验河段中央,垂直于流向,用来进行定时观测水位。

#### 1.2.2.2 流速仪测流断面

流速仪测流断面尽可能与基本水尺断面重合,以便简化测验和整编工作。有困难时应尽量缩短两断面之间的距离,中间不能有支流汇入和分出。测流断面应垂直于断面平均流向,在该断面用流速仪测量流速。

#### 1.2.2.3 浮标测流断面

浮标断面分为上、中、下三个断面,中断面尽量与基本水尺断面重合,上、下断面应布设在基本水尺断面的上、下游相等距离处,间距布设主要考虑计时精度和测得浮标速度的代表性,一般为断面最大平均流速的50~80倍,干旱地区小河站可按20~50倍,它主要用来进行浮标漂流速度的测量。

#### 1.2.2.4 比降断面

比降断面它布设在基本水尺断面的上、下游,间距应满足比降测算的精度要求,它用来观测河段的水面比降和分析河床的糙率。各种测验断面关系如图2-1所示。

### 1.2.3 布设基线

基线是在测验河段进行水文测验(如断面测量)时,为用经纬仪或者六分仪测角交绘法推求测验垂线在断面上的位置(起点距)而在岸上布设的线段。基线应垂直于测流横断面,起点应布设在测流断面上,基线长度应大于河宽的0.6倍,其长度误差应小于1/1 500。基线布设如图2-1所示。

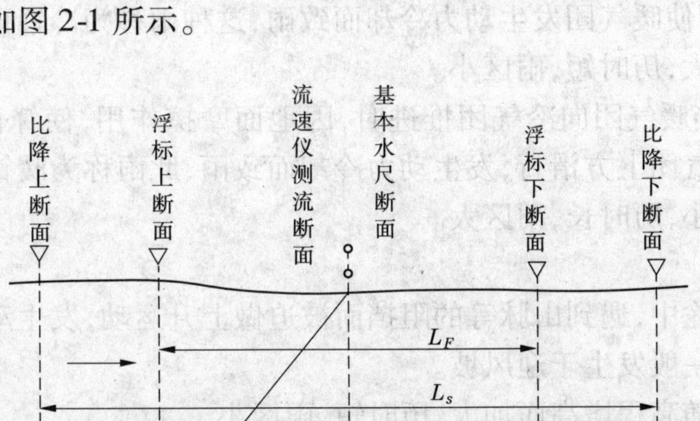


图2-1 水文站测验断面与基线布设示意图

# 2 降水测算

## 2.1 降水的成因与分类

### 2.1.1 降水

降水指由空中降落到地面的雨、雪、雹、霰、霜(露)等固态水和液态水的总称。

### 2.1.2 降水的特点

(1)地区分布不均;

(2)季节分配不均;

(3)年际变化较大;

(4)雨热同期。

### 2.1.3 降水的基本条件

(1)空气中含有大量的水汽;

(2)空气中有大规模向上抬升的动力(动力冷却)。

### 2.1.4 降水的成因

#### 2.1.4.1 气团

气团指大气的物理性质(温度、湿度)在水平方向比较均匀的大范围空气。

#### 2.1.4.2 成因

当气团受外力作用上升运动时,其物理性质(气压减小、体积膨胀、热能减少、气温降低)发生了变化,使空气达到或超过饱和状态,这时气团内的水汽就开始凝结,当凝结物的体积越来越大而空气托浮不住时,便降落至地面而形成降水。

### 2.1.5 降水类型(按空气上升原因不同而分类)

#### 2.1.5.1 锋面雨

气团分冷气团和暖气团,当冷气团与暖气团相遇时,其交界面称为锋面,锋面与地面的交界线称为锋。

(1)冷锋雨。当冷气团向暖气团推进时,因冷气团较重而锲进暖气团下方,暖气团被迫做上升运动,从而使暖气团发生动力冷却而致雨,这种雨称为冷锋雨。

其特点为强度大,历时短,雨区小。

(2)暖锋雨。当暖气团向冷气团推进时,因地面摩擦作用,使锋面坡度变小,暖气团沿此平缓坡面在冷气团上方滑行,发生动力冷却而致雨,此雨称为暖锋雨。

其特点为强度小,历时长,雨区大。

#### 2.1.5.2 地形雨

暖气团在移动途中,遇到山脉等的阻挡而被迫做上升运动,发生动力冷却而形成的降水称为地形雨。它一般发生于迎风坡。

其特点为强度随高程增高而加大,历时短,雨区小。

#### 2.1.5.3 对流雨

在盛夏季节,被暖湿空气笼罩地区局部增温,产生热力对流作用,而使暖湿空气迅速上升致雨,这种雨称为对流雨。

其特点为强度大,历时短,雨区小。

2.1.5.4 热带气旋雨(台风雨)

由热带气旋(海洋上形成)登陆后所形成的狂风暴雨,称为热带气旋雨。

其特点为强度大,历时不等,雨区小。

2.1.5.5 降水的分级

小雨,24 h 内降雨量 <10 mm;中雨,24 h 内降雨量 10 ~ 25 mm;大雨,24 h 内降雨量 25 ~ 50 mm;暴雨,24 h 内降雨量 50 ~ 100 mm;大暴雨,24 h 内降雨量 100 ~ 200 mm;特大暴雨,24 h 内降雨量 >200 mm。

2.1.5.6 降水的分区

多雨区,年降雨量 >1 000 mm;湿润区,年降雨量 800 ~ 1 000 mm;半湿润区,年降雨量 400 ~ 800 mm;半干旱区,年降雨量 200 ~ 400 mm;干旱区,年降雨量 <200 mm。

## 2.2 降水的观测

### 2.2.1 降水量

降水量指由空中降落到地面的水层深度。

### 2.2.2 观测场地

四周空旷、平坦,避开局部地形、地物的影响。

### 2.2.3 观测仪器

2.2.3.1 雨量器

雨量器的构造如图 2-2 所示。上部为一漏斗,口径为 20 cm,漏斗下面放储水瓶,用于收集雨水。设置时其上口一般距地面 70 cm,器口保持水平。降雨量的观测,通常在每天 8 时与 20 时(两段制)各观测一次。雨季增加观测段次,如 4 段制、8 段制,雨大时还要加测。观测时用空的储水瓶将雨量筒中的储水瓶换出,在室内用特制的量杯量出降雨量。当遇降雪时,将雨量筒的漏斗和储水瓶取出,仅留外筒,作为承雪的器具。观测时,将带盖的外筒带至装置雨量筒的地点,调换外筒,并将筒盖盖在已用过的外筒上,取回室内加温融化后计算降水深度。

2.2.3.2 自记雨量计

常用的自记雨量计有称重式、虹吸式和翻斗式三种类型。

(1)称重式。这种仪器可以连续记录接雨杯上的以及储积在其内的降水的重量。记录方式可以用机械发条装置或平衡锤系统,将全部降水量的重量如数记录下来,并能够记录雪、冰雹及雨雪混合降水。

(2)虹吸式。虹吸式自记雨量计如图 2-3 所示。雨水从承雨器流入浮子室,浮子随注入雨水的增加而上升,并带动自记笔(附在时钟控制的转筒上)在记录纸上画出曲线。当雨量达到 10 mm 时,浮子室内的水面升至虹吸管的顶端,浮子室内的水就通过虹吸管排至储水瓶。同时,自记笔亦下落至原点,再随着降雨量增加而上升,往复记录降雨过程。自记雨量计记录纸上的雨量曲线是累计曲线,纵坐标表示雨量,横坐标由自记钟驱动,表示时间。这种曲线既表示了雨量的大小,又表示了降雨过程的变化情况。曲线的坡度表示降雨强度。虹吸式自记雨量计的分辨率为 0.1 mm,降雨强度适用范围为 0.01 ~ 4.0 mm/min。

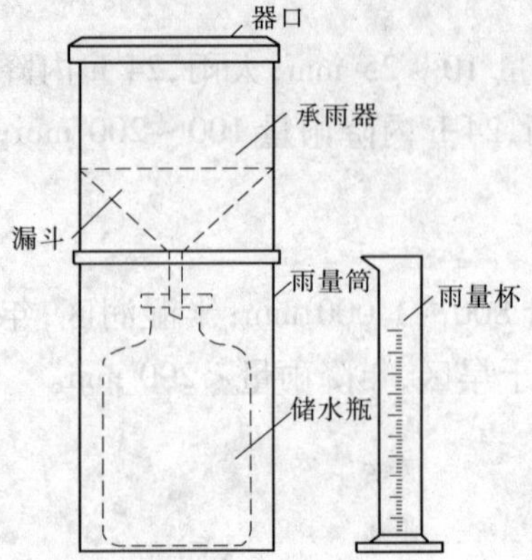


图 2-2　雨量器示意图

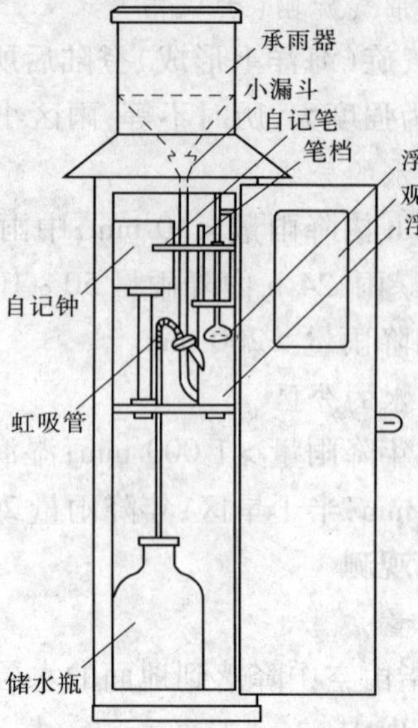


图 2-3　虹吸式自记雨量计示意图

(3)翻斗式自记雨量计。翻斗式自记雨量计由感应器及信号记录器组成,如图 2-4 所示。观测时,雨水经承雨器进入对称的小翻斗的一侧,当接满 10 mm 的降雨量时,小翻斗向一侧倾倒,水即注入储水箱内。同时,另一侧处于进水状态,当小翻斗倾倒一次,即接通一次电路,向记录器输送一个脉冲信号,记录器控制自记笔将雨量记录下来。自记笔记录 100 次后,将自动从上到下落到自记纸的零线位置,再重新开始记录。翻斗式自记雨量计分辨率是 0.1 mm,降雨强度适用范围为 4.0 mm/min 以内。自记雨量计记录可远传到控制中心的接收器内,实现有线远传和无线遥测。

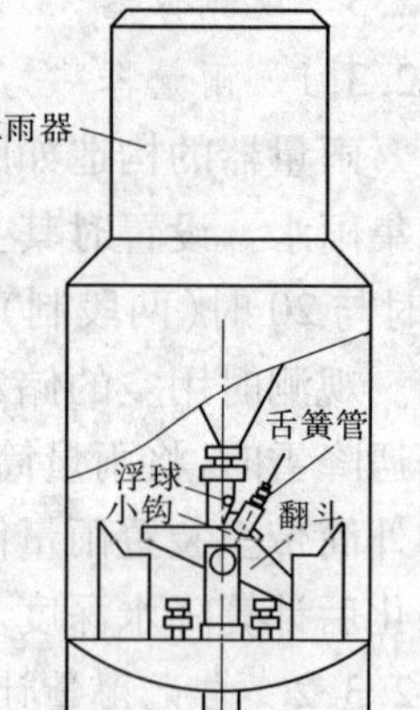


图 2-4　翻斗式自记雨量计

#### 2.2.4　降水资料整理

(1)内容。编制汛期降水量摘录表,统计不同时段最大降水量,计算时段最大降水量。

(2)日降水量分界点为每日 8 时。

## 2.3　降雨基本要素和表示方法

### 2.3.1　降雨基本要素

(1)降雨量。一定时段内降落在某点或某面的降水深度,单位为 mm。

(2)降雨历时。降雨自始至终所持续的实际时间,单位为 min、h、d。

(3)降雨时段。根据需要人为确定的时段,如 1 h、3 h、6 h、12 h、24 h、1 d、3 d、5 d。

(4)降雨强度。单位时间内的降雨量,即雨强,单位为 mm/min、mm/h。

(5)降雨面积。降雨所笼罩的水平面积,单位为 $km^2$。

(6)降雨中心(暴雨中心)。降雨量最大、雨区范围最小的地区。

(7)降雨走向。暴雨中心的移动方向。

### 2.3.2 降雨资料的表示方法

(1)降雨过程线(直方图)。表示降雨随时间的变化过程,如图 2-5 所示。

(2)雨量累计曲线。它是将各时段雨量逐一累计,求出各累计时段的雨量值作为纵坐标,时间为横坐标,如图 2-5 所示。

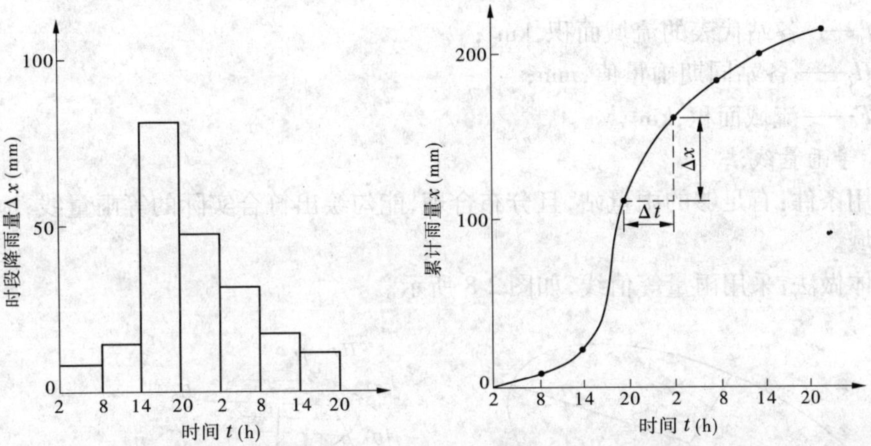


(a)降雨过程线　(b)累计降雨曲线

**图 2-5　降雨过程线及累计降雨曲线**

(3)雨量等值线图。表示某一地区的次暴雨或一定时段的降雨量在空间的分布情况。其绘制方法与地形图中的等高线绘制方法相似,如图 2-6 所示。

注意:各站点须用同一历时的雨量值。各站点雨量值和各点高程相似。各雨量值标在各站点的位置。

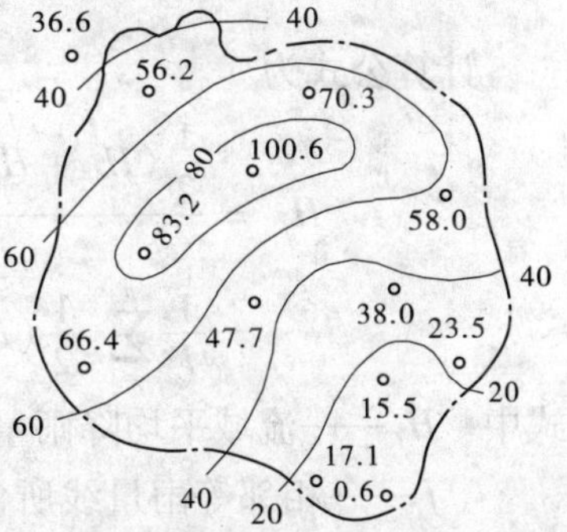


**图 2-6　雨量等值线图**

## 2.4 流域平均降雨量计算

流域平均降雨量计算的目的为分析流域降雨径流关系。

### 2.4.1 算术平均法

适用条件:测站分布均匀,站网密度较大,地形变化不大的流域。

计算公式为

$$H_F = \frac{H_1 + H_2 + H_3 + \cdots + H_n}{n} = \frac{1}{n}\sum_{i=1}^{n} H_i \qquad (2\text{-}1)$$

式中　$H_F$——流域平均降雨量,mm;

$H_i$——各站同时段降雨量,mm;

$n$——测站个数(时段长短根据要求而定)。

### 2.4.2 多边形法(泰森多边形)

适用条件:测站分布不均匀,地形变化较大的流域。

假定:流域不同地区的降雨量可由距其最近的雨量站的雨量来代替,因此用此法需先求出各测站所代表的流域面积,如图 2-7 所示。

计算公式为

$$H_F = \frac{f_1H_1 + f_2H_2 + f_3H_3 + \cdots + f_nH_n}{F} = \frac{1}{F}\sum_{i=1}^{n} f_iH_i \quad (2\text{-}2)$$

式中 $H_F$——流域平均降雨量,mm;

$f_i$——各站代表的流域面积,$km^2$;

$H_i$——各站同期雨量值,mm;

$F$——流域面积,$km^2$。

2.4.3 等雨量线法

适用条件:有足够的雨量站,且分布合理,能勾绘出符合实际的等雨量线,地形变化较大的流域。

具体做法:采用雨量等值线,如图 2-8 所示。

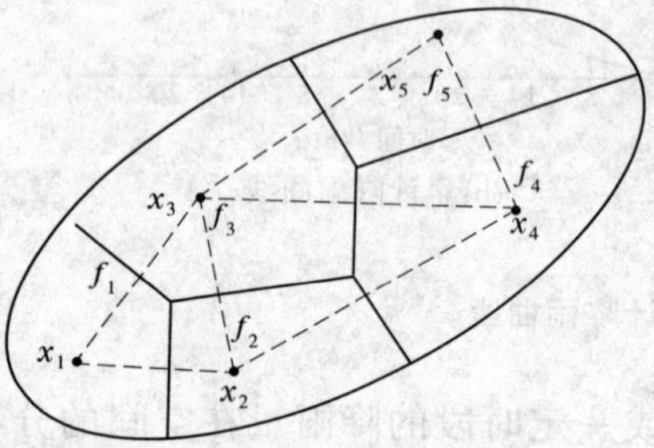


图 2-7 泰森多边形法示意图

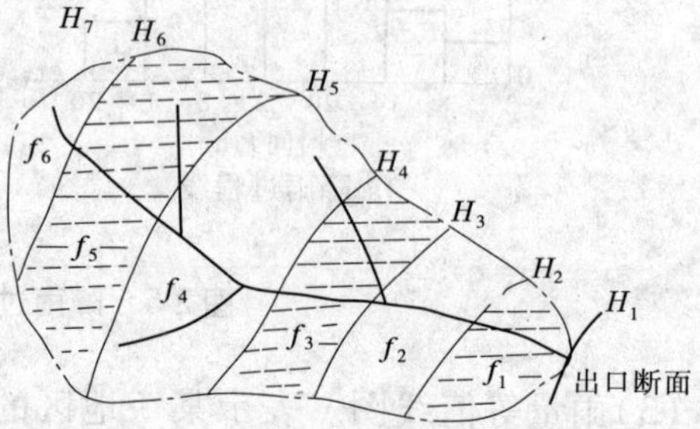


图 2-8 等雨量线法示意图

计算公式为

$$H_F = \frac{\frac{1}{2}(H_1 + H_2)f_1 + \frac{1}{2}(H_2 + H_3)f_2 + \cdots + \frac{1}{2}(H_n + H_{n+1})f_n}{F}$$

$$= \frac{1}{F}\sum_{i=1}^{n} \frac{1}{2}(H_i + H_{i+1})f_i \quad (2\text{-}3)$$

式中 $H_F$——流域平均降雨量,mm;

$f_i$——相邻等雨量线所包围的面积,$km^2$;

$H_i$——等雨量线的雨量值,mm。

## 任务 2 蒸发和下渗观测

### 1 流域蒸发

#### 1.1 蒸发

蒸发是指水由液态或固态转化为气态的现象,是水分子运动的结果。水文上研究的蒸发是指流域的蒸发。

### 1.2 流域蒸发的类型

#### 1.2.1 水面蒸发

水面蒸发指由流域内各种水体(江河、湖泊、沼泽、水库)自由水面上的蒸发现象。影响因素有气温、湿度、风速、水质、水面大小等。

#### 1.2.2 土壤蒸发

土壤蒸发指土壤失去水分,向空气中扩散的现象,干→湿。影响因素有气温、湿度、风速、陆面大小、地下水面、土壤含水量、土壤结构、色泽、毛管上升水、植被、降水方式等。

#### 1.2.3 植物散发

植物散发指土壤中的水分通过植物散发到大气中的过程。影响因素有气温、湿度、土壤温度、日照、植物种类、生长期等。

土壤蒸发与植物散发统称为流域陆面蒸发。

### 1.3 干旱指数

年蒸发能力与年降水量之比称为干旱指数 $\gamma$。

若 $\gamma>1.0$,则年蒸发 > 年降水;

若 $\gamma<1.0$,则年蒸发 < 年降水;

若 $\gamma<0.5$,则为多雨地区;

若 $\gamma=1\sim3$,则为半干旱地区;

若 $\gamma>7$,则为干旱地区。

## 2 蒸发观测

### 2.1 蒸发观测的定义

蒸发观测是观测蒸发的水层深度。

### 2.2 蒸发量

蒸发量指水面、土壤、植物的蒸发水层深度,单位是 mm。

### 2.3 蒸发场地

蒸发场地有陆面水面蒸发场和漂浮水面蒸发场。

### 2.4 观测仪器

观测仪器种类有口径为 20 cm、口径为 80 cm、E601、ГГN-3000、ГГN-300 型。

### 2.5 观测时间

观测时间为每日 8 时。

### 2.6 观测次数

观测次数一日一次。

### 2.7 观测方法

观测前应使蒸发水面与中央针尖保持齐平,次日 8 时观测,用特制量杯,把水注入器内,使水面与针尖齐平,注入水量即为前一日水面蒸发量,再与日降水量比较计算日蒸发量。

大面积水体的蒸发深度应用器测值乘以折算系数 $k$,一般数值为 0.6~0.85,实际应用时可由当地实验成果来确定 $k$ 的具体数值,或者查阅当地水文手册。

### 2.8 蒸发资料的整理

计算日、月、年蒸发量,统计蒸发相关的特征值。

## 3 下渗过程及变化规律

### 3.1 下渗

下渗指水分从土壤表面渗入地下的现象。

### 3.2 下渗过程

#### 3.2.1 渗润阶段

流域上空的雨水落到流域土壤表面后,起初雨水渗入土壤表面,主要受分子力的作用,水被土粒表面吸附,形成薄膜水,当薄膜水满足后,进入下一阶段。

#### 3.2.2 渗进阶段

此时水分通过土壤表面向土壤空隙运动,主要受毛管力和重力作用,当空隙水满足后,进入下一阶段。

#### 3.2.3 渗透阶段

当空隙水饱和后,若下渗继续进行,则土壤中会产生自由水,自由水在重力的作用下,沿空隙向下流动。

### 3.3 下渗规律

入渗初期,土壤干燥,单位时间入渗量(入渗率)较大,随着时间的增加,土壤湿度增加,入渗率逐渐减小,直到趋于稳定。

## 4 下渗实验

下渗实验主要推求下渗率的变化规律。下渗实验的方法有同心环法、人工降雨法。

### 4.1 同心环法

同心环法使用两个同心圆铁环,其上下无底,外环直径为 60 cm,内环直径为 30 cm,环高 15 cm。实验时,把两环打入地面 10 cm,以防止内环水分入渗时向外环扩展。将内、外环打入地下 10 ~ 13 cm,然后在内环及两环中间同时加水,使水深保持不变,内外环水面保持齐平,加入速率就是水分下渗率。

根据加水量记录,经换算后即可绘制下渗曲线,通过数学拟合可将下渗曲线拟合为霍顿公式

$$f_t = (f_0 - f_c)e^{-\beta} + f_c \tag{2-4}$$

式中 $f_t$——$t$ 时刻下渗率;

$f_0$——$t=0$ 时刻的下渗率;

$f_c$——稳定入渗率;

$\beta$——土壤、植被对下渗影响系数;

e——自然对数的底。

### 4.2 人工降雨法

人工降雨法是仿照天然降雨情况，人为地将水喷于径流实验区内，在维持均匀不变的降水条件下，观测实验区出口处地表径流过程，从而分析出土壤入渗过程。这种方法除需要人工降雨设备外，可以随时掌握测验时机，控制降雨强度、降雨分布、雨滴大小等因素。也可在不同坡度、土壤、植被及土地利用情况下进行对比实验。

# 任务3 水位观测与资料整理

## 1 水位及其观测目的

### 1.1 水位

水位是指江、河、湖、海、水库等各种水体的自由水面高出某一固定基面的距离，单位为m。

### 1.2 基面

#### 1.2.1 绝对基面

绝对基面将某一海口的平均海面高度作为零点。

#### 1.2.2 测站基面

测站基面即以测站最低水位以下某一点作为零点。

#### 1.2.3 水位观测的目的

(1)直接用于防汛、航运、给水、灌溉、水工、桥梁等建筑物设计，如水文预报、水面比降计算、木材浮运、城市给水排水、排灌等。

(2)为了间接推算流量。

## 2 水位观测设备

### 2.1 水尺

水尺可分为直立式、倾斜式、矮桩式、悬锤式。一般情况下，河流中水尺均设立一组水尺观测水位变化。

### 2.2 自记水位计

优点：记录连续、完整、节省人力。

原理：利用与河水连通的测井内浮筒随水位变动而升降的规律，通过机电系统自动记录河水的连续变化。

分类：浮筒式、水压式、超声波式。

### 2.3 水位观测

包括：基本水尺、比降水尺、水位观测。

原则：能测得完整的水位变化过程线，精确至0.5 cm。

次数：变化缓慢时，每日两次(8时和20时)，变化大时处于峰谷需加测。

## 3 水位资料整理

### 3.1 日平均水位的计算

#### 3.1.1 算术平均法

适用条件:等时距观测和摘录时可用此法。

计算公式为

$$\bar{z} = \frac{1}{n}\sum_{i=1}^{n} z_i \tag{2-5}$$

#### 3.1.2 面积包围法

适用条件:水位变化大,且不等时距观测时可用此法,如图 2-9 所示。

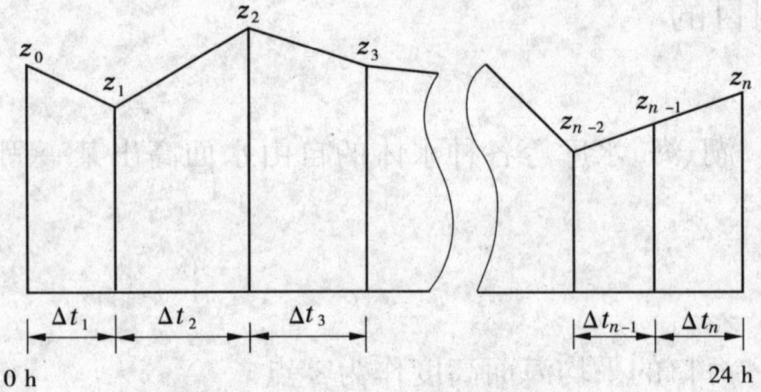


图 2-9 面积包围法计算水位示意图

计算公式为

$$\bar{z} = \frac{1}{48}[z_0 a + z_1(a+b) + z_2(b+c) + \cdots + z_{n-1}(m+n) + z_n n] \tag{2-6}$$

### 3.2 编制"逐日平均水位表"

(1)将计算的日平均水位填表;

(2)绘制日平均水位过程线;

(3)编制洪水水位摘录表。

# 任务 4 流量观测与资料整理

## 1 概述

开发江河水资源,需要研究掌握江河流量的变化情况,流量资料是进行流域规划与工程设计、施工管理不可缺少的资料。

河道流量的测验方法有流速面积相乘法、水力学法、物理法、化学法、直接测流法等,而由于流速在河道里面的横向和垂直方向上分布不均匀,因此一般用垂线把断面分为若干个部分,再把每一个部分分别测算出来求和来求断面的流量。目前在时序上还不能对流量进行连续观测,一般采用的方法是:通过一定次数的观测,建立水位—流量的关系曲线,然后用水位资料推求流量。

流量测验的内容包括断面测量、流速测量、流量计算。

## 2 断面测量

### 2.1 布设垂线

垂线类型有测深垂线、测速垂线和取样垂线。

(1)测深垂线。布设原则能控制河床变化转折点,且主槽较滩地为密。

(2)测速垂线。布设原则能控制测量断面流速变化情况。

### 2.2 测量内容

测量内容有水深、起点距、水位(一般分为水道断面测量和大断面测量)。

#### 2.2.1 水深

水深是指某一点水面至河底的垂直距离。

测深工具有:①测深杆,适用范围为水深小于 10 m,流速小于 3 m/s,优点是精度高;②测深锤,适用于水深、流速较大时,质量一般为 5 ~ 10 kg;③测深铅鱼,适用于水深、流急时,质量一般为 10 kg ~ 50 kg ~ 数百千克;④回声测深仪,适用于水中含沙量很小的河流。

#### 2.2.2 起点距

起点距为各条垂线与岸上某一固定点(基线起点)的距离。

测量方法有断面索观读法、测角交会法、无线电定位法。

### 2.3 断面面积的计算

测得某水位下的水深后,即可用水深与各起点距求得部分面积与断面面积。

## 3 流速测量及流量计算

测量河道等水流速度的方法有流速仪法和浮标法。

### 3.1 流速仪法测流

#### 3.1.1 流速仪

利用流速仪可测定任一指定点的水流平均速度,一般流速仪分为两种,它们分别是旋桨式流速仪(20 转)和旋杯式流速仪(5 转和 1 转),如图 2-10、图 2-11 所示。流速仪主要由头部、尾部、附属机件三部分组成。

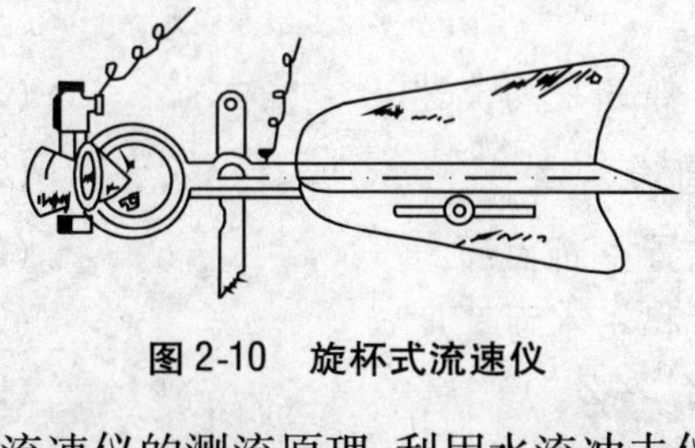

图 2-10 旋杯式流速仪

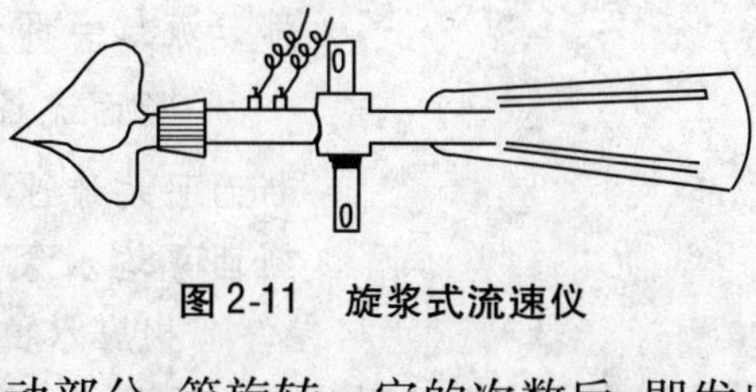

图 2-11 旋浆式流速仪

流速仪的测流原理:利用水流冲击仪器的转动部分,等旋转一定的次数后,即发出电铃或者灯光信号,根据其信号数(总转数)与相应的历时,代入流速仪计算公式,即可求出测点流速。

流速仪通用公式为

$$v = K\frac{N}{T} + C \quad (T \geqslant 100\ \text{s 或}\ T \geqslant 50\ \text{s}) \tag{2-7}$$

3.1.2　流速测量

当测量断面测速垂线布设结束后，即可采用下面的方法测量流速，首先在垂线上布设测点。测点布设的原则是：能控制垂线流速的变化，相对水深是 0.0、0.2、0.4、0.6、0.8、1.0。

3.1.2.1　测点流速

将仪器放到测点位置，等仪器的信号正常后，再开始测速工作，即读取测速历时和对应的信号数（总转数），代入式（2-7）即可得到测点流速。

仪器位置：相对水深和垂线水深的乘积。注意：它是从水面开始量算的。

垂线平均流速测量方法有以下几种：

一点法
$$V_m = V_{0.6} \tag{2-8}$$

二点法
$$V_m = \frac{1}{2}(V_{0.2} + V_{0.8}) \tag{2-9}$$

三点法
$$V_m = \frac{1}{3}(V_{0.2} + V_{0.6} + V_{0.8}) \tag{2-10}$$

五点法
$$V_m = \frac{1}{10}(V_{0.0} + 3V_{0.2} + 3V_{0.6} + 2V_{0.8} + V_{1.0}) \tag{2-11}$$

式中　$V_m$——垂线平均流速；

$V_{0.0}$、$V_{0.2}$、$V_{0.4}$、$V_{0.6}$、$V_{0.8}$、$V_{1.0}$——相对水深处的测点流速。

3.1.2.2　部分平均流速

相邻两条测速垂线之间的平均流速，岸边（水边到第一条测速垂线）部分用第一（最后一）条垂线平均流速乘以一个岸边系数 $\alpha$ 求得，即 $V_1 = \alpha V_{m1}$ 或 $V_n = \alpha V_{mn}$，岸边系数 $\alpha$ 取值视岸边情况而定，斜坡岸边 $\alpha = 0.67 \sim 0.75$，一般取 $\alpha = 0.7$，陡坡岸边 $\alpha = 0.8$，光滑陡坡岸边 $\alpha = 0.9$，死水边 $\alpha = 0.5$。

$$V_i = \frac{1}{2}(V_{m_{i-1}} + V_{m_i}) \tag{2-12}$$

测速垂线间取两条测速垂线平均值。

3.1.3　流量计算

部分面积指相邻两条测速垂线之间的面积。

部分流量 = 部分面积 × 部分平均流速　(2-13)

断面流量 = $\sum$ 部分流量　(2-14)

断面平均流速 = 断面流量 ÷ 断面面积　(2-15)

断面平均水深 = 断面面积 ÷ 水面宽度　(2-16)

相应水位 = $1/2(Z_{始} + Z_{末})$　(2-17)

采用直线内插法时注意：

部分数 = 垂线数 + 1　(2-18)

**【例 2-1】**　某一水文站施测流量，岸边系数 $\alpha = 0.7$，按上述方法计算流量，成果见表 2-1。

表2-1 某站测深、测速记载及流量计算

施测时间:2000年5月5日8时0分

流速仪牌号及公式:LS251型 $v = 0.2557N/T + 0.0068$

| 垂线号数 | | 起点距(m) | 水深(m) | 仪器位置 | | 测速记录 | | 流速(m/s) | | | 测深垂线间 | | 断面面积($m^2$) | | 部分流量($m^3$/s) |
|---|---|---|---|---|---|---|---|---|---|---|---|---|---|---|---|
| 测深 | 测速 | | | 相对水深 | 测点深(m) | 总历时 $T$(s) | 总转数 $N$ | 测点 | 垂线平均 | 部分平均 | 平均水深(m) | 间距(m) | 测深垂线间 | 部分 | |
| 左水边 | | 10.0 | 0.00 | | | | | | | | | | | | |
| | | | | | | | | | | 0.69 | 0.50 | 15 | 7.50 | 7.50 | 5.18 |
| 1 | 1 | 25.0 | 1.00 | 0.6 | 0.60 | 125 | 480 | 0.99 | 0.99 | | | | | | |
| | | | | | | | | | | 1.04 | 1.40 | 20 | 28.00 | 28.00 | 29.12 |
| 2 | 2 | 45.0 | 1.80 | 0.2 | 0.36 | 116 | 560 | 1.24 | 1.10 | | | | | | |
| | | | | 0.8 | 1.44 | 127 | 480 | 0.97 | | | | | | | |
| | | | | | | | | | | 1.17 | 2.00 | 20 | 40.00 | 40.00 | 46.80 |
| 3 | 3 | 65.0 | 2.21 | 0.2 | 0.44 | 104 | 560 | 1.38 | 1.24 | | | | | | |
| | | | | 0.6 | 1.33 | 118 | 570 | 1.24 | | | | | | | |
| | | | | 0.8 | 1.77 | 111 | 480 | 1.11 | | | | | | | |
| | | | | | | | | | | 1.14 | 1.90 | 15 | 28.50 | 35.25 | 40.18 |
| 4 | | 80.0 | 1.60 | | | | | | | | | | | | |
| | | | | | | | | | | | 1.35 | 5 | 6.75 | | |
| 5 | 4 | 85.0 | 1.10 | 0.6 | 0.66 | 110 | 440 | 1.03 | 1.03 | | | | | | |
| | | | | | | | | | | 0.72 | 0.55 | 18 | 9.90 | 9.90 | 7.13 |
| 右水边 | | 103.0 | 0.00 | | | | | | | | | | | | |
| 断面流量128.4 $m^3$/s | | | | 断面面积120.7 $m^2$ | | | | 平均流速 1.06 m/s | | | 水面宽 93.0 m | | | 平均水深 1.30 m | |

### 3.2 浮标法测流

适用条件:水深流急,漂浮物较多,陡涨陡落,应用流速仪法有困难时(洪水时应用较多)。

测量原理:通过观测水流推动浮标移动速度求出水面虚流速,利用水面虚流速推求断面虚流量,然后利用浮标系数确定断面流量。

浮标种类:水面浮标、深水浮标。

浮标法测流过程:

(1)在测验河段上游(浮标测流的上断面上游)沿河宽均匀投放有编号的浮标。

(2)观测各浮标通过上、下断面的历时 $T$,以及通过中断面的起点距。

(3)计算浮标流速——水面虚流速 $v_f = L/T$。

(4)绘制浮标虚流速分布曲线:通过点群中心即可。

(5)绘制测流横断面图。

(6)由测流横断面图可查出各条垂线的水面虚流速。

(7)计算断面虚流量 $Q_f$,计算过程方法同流速仪法。

(8)断面流量 $Q=K_fQ_f$。

(9)浮标系数 $K_f$ 的确定:一般情况下 $K_f=0.85\sim0.95$。

# 4 流量资料整理

## 4.1 流量资料整理的内容

(1)收集有关资料;

(2)编制实测流量成果表和大断面成果表;

(3)点绘水位—流量、水位—面积、水位—流速关系曲线;

(4)确定推流方法,编制水位—流量关系表,推算逐时、日流量;

(5)制作逐日平均流量表和水文要素摘录表;

(6)检查各项整编成果;

(7)编写整编说明书。

## 4.2 水位—流量关系曲线分析

### 4.2.1 稳定的水位—流量关系

适用条件:测流断面河床稳定,控制良好。

稳定是指同一水位下只有一个相对应的流量,关系线是单一的线型。

曲线的绘制:通过水位—流量关系的点群中心绘制出曲线即可。

### 4.2.2 不稳定的水位—流量关系

不稳定是指水位—流量关系不是单一关系曲线。

由水力学上的曼宁公式可得天然河道的流量计算公式

$$Q=\frac{1}{n}FR^{\frac{2}{3}}I^{\frac{1}{2}} \tag{2-19}$$

由此可知,天然河道流量的影响因素有冲淤、洪水涨落、变动回水、结冰、生长水草等。

处理的方法有临时曲线法、校正因素法、改正水位法、落差法等。

## 4.3 水位—流量关系曲线的延长

### 4.3.1 流速面积相乘法

适用条件:河床稳定,水位与面积、水位与流速点据集中。

(1)面积的确定:由实测大断面成果确定。

(2)流速的确定:按水位与流速关系曲线趋势加以延长。

### 4.3.2 曼宁公式法

(1)当测站有实测的比降资料时,可根据实测流量资料分析确定不同量级流量时的糙率值,并顺势加以延长,求得高水时的糙率值,再用高水时的比降、面积确定流量,即可延长流量。

(2)当测站无实测比降资料时,则可将公式转化为

$$Q=VF=\frac{1}{n}J_P^{\frac{1}{2}}R^{\frac{2}{3}}F \tag{2-20}$$

所以

$$V=\frac{1}{n}J_P^{\frac{1}{2}}R^{\frac{2}{3}} \tag{2-21}$$

即
$$\frac{1}{n}J_P^{\frac{1}{2}} = \frac{V}{R^{\frac{2}{3}}} \approx \frac{V}{h^{\frac{2}{3}}} \tag{2-22}$$

这样就可根据实测流量资料计算各级水位的$\frac{V}{h^{\frac{2}{3}}}$,也就是说$\frac{1}{n}J_P^{\frac{1}{2}}$,从而可绘制出水位与$\frac{1}{n}J_P^{\frac{1}{2}}$的关系曲线,然后利用该曲线和纵轴是渐近线的特点加以延长,再根据大断面的实测资料可求出高水时的$Fh^{\frac{2}{3}}$值,再代入$Q=\frac{1}{n}J_P^{\frac{1}{2}}R^{\frac{2}{3}}F$即可对水位—流量关系曲线加以延长。

(3)延长范围:高水时不超过当年水位变辐的30%,低水时不超过10%。

## 5　流量的查算

### 5.1　水位变化较慢

水位变化较慢时可采用日平均水位直接查算日平均流量。

### 5.2　水位变化较大

水位变化较大时可采用瞬时水位查算瞬时流量,然后采用面积加权平均法计算日平均流量。

### 5.3　计算流量特征值

由日平均流量计算月、年平均流量,并编制成表。

# 任务5　泥沙测验与资料整理

## 1　泥沙测验

### 1.1　河流泥沙及其分类、用途

#### 1.1.1　按泥沙粒径大小进行分类

按泥沙粒径大小分类,可分为块石、卵石、砾石、砂、粉砂、黏土等,见表2-2。

表2-2　按泥沙粒径大小分类

<table>
<tr><th colspan="2">级别</th><th>粒径(mm)</th><th colspan="2">级别</th><th>粒径(mm)</th></tr>
<tr><td colspan="2">块石</td><td>大于200</td><td rowspan="3">砂</td><td>粗</td><td>0.5~2</td></tr>
<tr><td rowspan="3">卵石</td><td>大</td><td>60~200</td><td>中</td><td>0.25~0.5</td></tr>
<tr><td>中</td><td>40~60</td><td>细</td><td>0.05~0.25</td></tr>
<tr><td>小</td><td>20~40</td><td colspan="2" rowspan="2">粉砂</td><td rowspan="2">0.005~0.05</td></tr>
<tr><td rowspan="3">砾石</td><td>粗</td><td>10~40</td></tr>
<tr><td>中</td><td>4~10</td><td colspan="2" rowspan="2">黏土</td><td rowspan="2"><0.005</td></tr>
<tr><td>细</td><td>2~4</td></tr>
</table>

1.1.2 按泥沙运动方式分类

1.1.2.1 悬移质

悬移质指悬浮在水中和水流一起运动的泥沙。

1.1.2.2 推移质

推移质指沿河床床面以滑动、滚动、跳跃方式前进的泥沙。

1.1.3 泥沙的用途

(1)水库泥沙淤积可减少坝身、库区的渗漏。

(2)有节制地淤灌田地,可以改良土壤。

(3)河床砂砾是一种常用的建筑材料。

1.1.4 山西省泥沙淤积状况

山西省共有67座大中型水库,总库容约为42亿 $m^3$,淤积15亿 $m^3$,占36%,平均每年淤积1 620万 $m^3$;汾河水库总库容为7亿 $m^3$,现淤积已经超过一半。

**1.2 泥沙量计算单位**

1.2.1 含沙量

含沙量指单位体积的浑水中所含的干沙质量,一般用 $\rho$ 来表示,单位为 $kg/m^3$、$g/m^3$,计算公式为

$$\rho = \frac{W_s}{V} \tag{2-23}$$

式中 $W_s$——干沙质量,kg,g;

$V$——浑水体积,$m^3$。

1.2.2 输沙率

输沙率指单位时间内通过河流某一断面的泥沙质量,一般用 $Q_s$ 表示,单位为 kg/s、t/s,计算公式为

$$Q_s = Q\rho \tag{2-24}$$

1.2.3 输沙量

输沙量指在 $T$ 时段内通过断面的泥沙总量。一般用 $W_s$ 来表示,单位为 kg 或 t,计算公式为

$$W_s = Q_sT \tag{2-25}$$

1.2.4 侵蚀模数

一定时段内单位流域面积上所产生的输沙量称为侵蚀模数,用 $M_s$ 表示,单位为 $t/km^2$,计算公式为

$$M_s = W_s/F \tag{2-26}$$

侵蚀模数是度量流域侵蚀、冲刷、搬运泥沙能力的指标。它不包括推移质泥沙在内,所以在使用时应注意。

**1.3 悬移质泥沙测验**

1.3.1 测点含沙量

1.3.1.1 采集水样

采样位置是测沙垂线,采样仪器称为采样器,采样器分为横式采样器、瓶式采样器、抽

气式采样器、光电测沙仪、调压积时式采样器等。

1.3.1.2 水样处理

处理过程为量积、沉淀、过滤、烘干、称重。求出一定体积的浑水中所含的干沙质量 $W_s$。水样处理的方法为置换法、烘干法、过滤法。

$$\rho = \frac{1\,000 W_s}{V_w - \Delta V} \tag{2-27}$$

$$W_s = K(W_{ws} - W_w) \tag{2-28}$$

$$K = \frac{\rho_s}{\rho_s - \rho_w} \tag{2-29}$$

式中 $\rho$——含沙量,$kg/m^3$;

$W_s$——干沙质量,g 或 kg;

$V_w$——采样瓶容积,$cm^3$;

$\Delta V$——加入清水的体积,$cm^3$;

$K$——置换系数,一般取 1.606;

$W_{ws}$——瓶加浑水重,g;

$W_w$——瓶加清水重,g;

$\rho_s$——泥沙密度,$kg/m^3$;

$\rho_w$——清水密度,$kg/m^3$。

1.3.2 垂线平均含沙量

采用流速加权平均法:

二点法

$$\rho_m = \frac{\rho_{0.2} V_{0.2} + \rho_{0.8} V_{0.8}}{V_{0.2} + V_{0.8}} \tag{2-30}$$

三点法

$$\rho_m = \frac{\rho_{0.2} V_{0.2} + \rho_{0.6} V_{0.6} + \rho_{0.8} V_{0.8}}{V_{0.2} + V_{0.6} + V_{0.8}} \tag{2-31}$$

1.3.3 断面输沙率

$$Q_s = \rho_{m1} q_0 + \frac{\rho_{m1} + \rho_{m2}}{2} q_1 + \frac{\rho_{m2} + \rho_{m3}}{2} q_2 + \cdots + \frac{\rho_{m(n-1)} + \rho_{mn}}{2} q_{n-1} + \rho_{mn} q_n$$

式中 $Q_s$——断面输沙率;

$\rho_{mi}$——取样垂线的平均含沙量;

$q_i$——取样垂线之间的部分流量。

1.3.4 断面平均含沙量

一般用 $\bar{\rho}$ 来表示,计算公式为

$$\bar{\rho} = \frac{Q_s}{Q} \tag{2-32}$$

### 1.3.5 单位水样含沙量与断面平均含沙量

单位水样含沙量是指断面上某一固定位置的水样含沙量，又称单位含沙量或单沙。

悬移质输沙率的测验工作复杂而繁重，不可能逐日逐时施测。为了求得输沙率的变化过程而常采用建立单断沙关系的简化方法。

当断面稳定时，断面平均含沙量 $\bar{\rho}$（简称断沙）与断面上某代表性测点的含沙量 $\rho$（又称单位含沙量或单沙）之间有一定的相关关系，根据多次实测的断面平均含沙量和单位含沙量成果，点绘出单沙与断沙的关系线，如图 2-12 所示，用以推算断面输沙率变化过程。

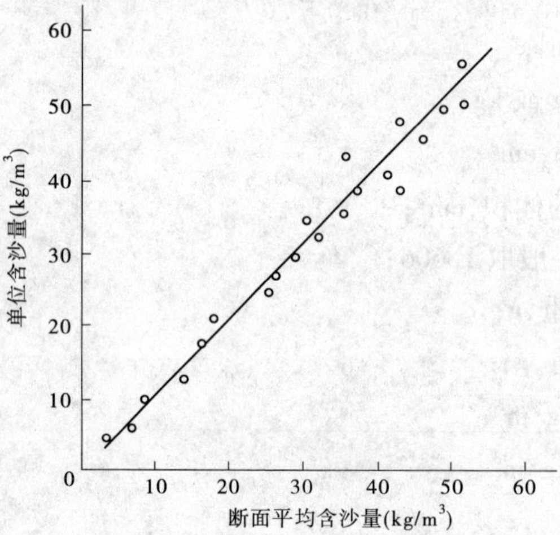


**图 2-12　单沙与断沙关系示意图**

利用单断沙关系，就可简化测验，经常性的泥沙取样工作便可只在代表性测点上进行。根据测定的单位含沙量，就可直接利用单断沙关系查得断面平均含沙量 $\bar{\rho}$，然后求出断面输沙率。

# 2　水文调查

## 2.1　洪水调查

### 2.1.1　调查内容

(1)收集流域有关资料（地形图、河道纵横断面图、沿河水准点高程、位置）。

(2)了解历史上发生洪水的基本情况（大小、次数、年代、顺序等）。

(3)明确调查任务，制订计划，准备测算工具。

(4)应取得当地领导的支持和协助，并且要搞好与当地群众的关系。

### 2.1.2　具体工作

(1)河道踏勘。调查河段应选择有建筑物、卡口、陡坡等的顺直河段。

(2)深入调查研究，确定洪水痕迹。

(3)测绘调查成果(洪水痕迹、断面图)。

(4)有价值的资料要进行摄影并附以说明。

(5)确认洪水发生的年代。

### 2.2 洪峰流量的估算

(1)由曼宁公式计算。适用条件:河段内水深、流速变化不大,取得两个以上的洪水实测资料。

(2)水位—流量关系曲线法。适用条件:靠近水文站,利用站上的水位与流量关系推算。

(3)水力学方法。适用条件:河道有堰、坝、卡口、桥孔等。

## 3 水文资料的收集

### 3.1 水文年鉴

水文年鉴中载有测站分布图,水文站说明表及位置图,各站的水位、流量、泥沙、水温、冰凌、水化学、地下水、降水量、蒸发量等资料。全国水文年鉴分布表见表2-3,山西省分属的水文年鉴见表2-4。

表2-3 水文年鉴分布

| 卷号 | 流域 | 分册数 | 卷号 | 流域 | 分册数 |
|---|---|---|---|---|---|
| 1 | 黑龙江 | 5 | 6 | 长江 | 20 |
| 2 | 辽河 | 4 | 7 | 浙闽台诸河 | 6 |
| 3 | 海河 | 6 | 8 | 珠江 | 10 |
| 4 | 黄河 | 9 | 9 | 藏滇国际河流 | 2 |
| 5 | 淮河 | 6 | 10 | 内陆河湖 | 6 |

表2-4 山西省水文年鉴分布

| 卷号 | 册号 | 流域(地区) | 卷号 | 册号 | 流域(地区) |
|---|---|---|---|---|---|
| 4 | 3 | 沿黄小河流(省西部) | 3 | 3 | 桑干河流域 |
| 4 | 4 | 汾河流域、涑水河流域 | 3 | 5 | 滹沱河流域 |
| 4 | 6 | 沁河流域 | 3 | 6 | 漳河流域 |

1976年我国部分流域开始采用电子计算机整编水文年鉴。从20世纪90年代初开

始,全国水文年鉴的所有项目和内容均使用电子计算机整编存储。当需要使用近期尚未刊布的资料,或需查阅更详细的原始记录时,可向各有关机构收集。水文年鉴中不刊布专用站和实验站的观测数据及处理、分析成果,需要时可向有关部门收集。

### 3.2 水文数据库

由于水文资料的积累和水文科学技术的发展,传统的水文资料整编方法和水文年鉴刊印储存形式,难以适应防汛、调度等方面的要求,因此随着电子计算机和数据库技术的发展,出现了水文数据库。水文数据库是以电子计算机为基础的水文数据存储检索系统。水文数据库按系统设置形式可分为集中式水文数据库和分布式水文数据库两类。根据我国国情并借鉴国外经验,我国水文数据库采用分布式数据库系统,即在北京建立全国水文资料咨询中心,各流域和省(区、直辖市)相应建立水文数据库,逐步连成全国性计算机网络,进行远程检索及信息交换。

### 3.3 水文手册和水文图集

水文年鉴仅刊布各水文测站的基本资料。各省(区)水文部门编制的水文手册、水文图集以及历史洪水调查、暴雨调查、历史枯水调查等调查资料,是在分析研究该地区所有水文站的数据基础上编制出来的。它载有该地区的各种水文特征值等值线图及计算各种径流特征值的经验公式。利用水文手册和水文图集便可以估算无水文观测数据地区的水文特征值。由于编制各种水文特征值的等值线图及各径流特征值的经验公式时,依据的小流域数据少,当利用手册及图集估算小流域的径流特征值时,应根据实际情况作必要的修正。

当上述水文年鉴、水文数据库、水文手册、水文图集所载资料不能满足要求时,可向其他单位收集。例如,有关水质方面更详细的资料可向环境监测部门收集,有关气象方面的资料可向气象台站收集。

## 思考题与练习题

2-1　在水利水电规划设计时,怎样收集相关的水文资料?

2-2　流速仪的测流原理是什么?

2-3　什么是水位—流量关系?它有什么用途?水位—流量关系不稳定的原因是什么?

2-4　某站2008年5月21日实测水位资料如表2-5所示,试用面积包围法计算该日的日平均水位。

2-5　河流泥沙主要分为哪几大类?以哪类为主?

2-6　含沙量与输沙率的本质区别是什么?

2-7　洪水调查包括哪些内容?洪水调查在何时进行?

2-8　水文年鉴与水文手册、水文图集等有什么不同?各自的内容与用途是什么?

表 2-5 某水文站日平均水位计算

| 日 | 时:分 | 相邻历时(时) | 实测水位(m) | 权数 | 积数 | 备注 |
|---|---|---|---|---|---|---|
| 24 | 22:00 | | 3.39 | | | |
| | 24:00 | | | | | 直线内插 |
| 25 | 01:00 | | 3.46 | | | |
| | 03:00 | | 3.30 | | | |
| | 05:00 | | 3.45 | | | |
| | 06:00 | | 3.53 | | | |
| | 08:00 | | 3.87 | | | |
| | 10:00 | | 4.83 | | | |
| | 11:00 | | 3.93 | | | |
| | 12:00 | | 3.69 | | | |
| | 14:00 | | 3.64 | | | |
| | 16:00 | | 3.70 | | | |
| | 18:00 | | 3.80 | | | |
| | 19:00 | | 4.10 | | | |
| | 20:00 | | 4.35 | | | |
| | 22:00 | | 4.48 | | | |
| | 23:00 | | 4.50 | | | |
| | 24:00 | | 4.52 | | | |
| | | | | | | |
| 合计 | | | | | | |

2-9 断面流量计算——流速仪测流。

按表 2-6 格式进行流量计算，并将计算结果填入表 2-6 中，岸边系数 $\alpha = 0.8$，测流时所使用的流速仪公式为

$$v = 0.700 \frac{N}{T} + 0.002$$

2-10 某水库的集雨面积为 735 $km^2$，从当地水文手册查出当年平均侵蚀模数 $S =$

894 t/km$^2$,相应输沙量是多少？若多年平均流量为 18.5 m$^3$/s,则多年平均输沙率和含沙量各是多少？

**表 2-6　断面流量计算**

| 垂线号数 | | 起点距（m） | 垂线水深（m） | 仪器位置 | | 测速记录 | | 流速（m/s） | | | 测深垂线间 | | 断面面积（m$^2$） | | 部分流量（m$^3$/s） |
|---|---|---|---|---|---|---|---|---|---|---|---|---|---|---|---|
| | | | | 相对水深 | 测点深（m） | 总历时 $T$(s) | 总转数 $N$ | 测点 | 垂线平均 | 部分平均 | 平均水深（m） | 间距（m） | 测深垂线间 | 部分 | |
| 左水边 | | 100 | 0.0 | | | | | | | | | | | | |
| 1 | | 110 | 1.0 | 0.6 | | 100 | 150 | | | | | | | | |
| 2 | | 120 | 2.0 | 0.2 | | 100 | 200 | | | | | | | | |
| | | | | 0.8 | | 100 | 150 | | | | | | | | |
| 右水边 | | | 150 | 0.0 | | | | | | | | | | | |
| 断面流量(m$^3$/s) | | | | | | 断面面积(m$^2$) | | | | | 断面流速(m/s) | | | | |

# 项目3 地表水源的分析计算

## 任务1 设计年径流的基本概念

### 1 年径流的概念及其特征

#### 1.1 年径流的概念

在一个年度内,通过河流某断面的水量,叫作该断面以上的年径流量。它可用年平均流量($m^3/s$)、年径流深(mm)、年径流总量(万 $m^3$ 或亿 $m^3$)或年径流模数($m^3/(s \cdot km^2)$)表示。

我国《水文年鉴》中,年径流量是按日历年度统计的,而在水文水利计算中,年径流量通常是按水文年度或水利年度统计的。水文年度以水文现象的循环规律来划分,即由当年枯季末至次年枯季末所经历的12个月时段,包括了1年中水情的各个阶段的专用年度。对于北方春汛河流,则以融雪情况来划分水文年。水利年度是以水库蓄泄周期来划分的。水文年和水利年的起止日期划分各地不一,但均有具体规定。

#### 1.2 年径流的特征

通过对年径流观测资料的分析,可以看出年径流的变化具有以下特征:

(1)年径流具有大致以年为周期的汛期与枯季交替变化的规律,但各年汛、枯期有长有短,发生时间有迟有早,水量也有大有小,年年不同,从不重复,具有偶然性质。

(2)年径流量在年际间变化很大,有些河流丰水年径流量可达到平水年的2~3倍,枯水年径流量仅为平水年的1/5~1/10。

例如,淮河蚌埠站实测最丰年的年平均流量为多年平均流量的2.67倍,而实测最枯年的年平均流量只有多年平均流量的14%。年径流量的最大值与最小值之比长江、珠江为4~5,黄河、海河为14~16。

(3)年径流量在多年变化中有丰水年组和枯水年组交替出现的现象。

例如,黄河1991~1997年连续7年断流,海河出现过两三年甚至四五年的连续干旱,松花江1960~1966年出现过连续7年丰水年组,浙江新安江水电站1956~1968年出现连续13年的枯水年组,影响到水库的正常运行。

### 2 影响年径流的因素

分析研究影响年径流量的因素,对年径流量的分析与计算具有重要的意义。尤其当径流资料短缺时,更为重要。当具有短期实测径流资料时,常常需要利用年径流量与其有关影响因素之间的相关关系来插补、展延年径流量资料。同时通过对年径流量影响因素的研究,也可对计算成果作分析论证。

研究影响年径流的因素,可从流域水量平衡方程式着手。流域水量平衡方程式如下

$$y = x - z + \Delta v + \Delta w \quad (3\text{-}1)$$

式中 $y$——径流量;

$z$——蒸发量;

$x$——降雨量;

$\Delta v$——流域蓄水变化量;

$\Delta w$——流域地下蓄水变化量。

可知,年径流量取决于年降雨量、年蒸发量、时段始末的流域蓄水变化量和流域之间的交换水量四项因素。前两项属于流域的气候因素,后两项属于下垫面因素(指地形、植被、土壤、地质、湖泊、沼泽、流域大小等)。当流域完全闭合时,$\Delta w = 0$,影响因素只有 $x$、$z$ 和 $\Delta v$ 三项。

### 2.1 气候因素对年径流量的影响

气候因素中年降雨量与年蒸发量对年径流量的影响程度随地理位置不同而有差异。在湿润地区,降雨量较多,其中大部分降雨形成了径流,年径流系数较高,年降雨量与年径流量之间具有较密切的关系,说明年降雨量对年径流量起着决定性作用,而流域蒸发的作用就相对较小。在干旱地区,降雨量少,且极大部分耗于蒸发,年径流系数很低,年降雨量与年径流量的关系不很密切,降雨和蒸发都对年径流量起着相当大的作用。以冰雪补给为主的河流,其年径流量的大小主要取决于前一年的降雪量和当年的气温。

### 2.2 下垫面因素对年径流量的影响

流域的下垫面因素主要从两方面影响年径流量:一方面通过流域蓄水增量 $\Delta v$ 直接影响着年径流量的变化,另一方面通过对气候因素的影响间接对年径流量发生作用。

#### 2.2.1 地形

地形主要通过对气候因素——降雨、蒸发、气温的影响而间接地对年径流量发生作用。地形对降雨的影响,主要表现在山地对水汽的抬升和阻滞作用,使迎风坡降雨量增大。增大的程度主要随水汽含量和抬升速度而定。

地形除对降雨量有影响外,还对蒸发有影响。一般气温随高程的增加而降低,因而使蒸发量减少。例如峨嵋山,当高程变化量 $\Delta z = 100$ m 时,降雨量变化值 $\Delta x = 105$ mm;我国台湾诸岛高程变化量 $\Delta z = 100$ m 时,降雨量变化值 $\Delta x = 42$ mm。地形对气温也有影响,一般气温随高程的增加而降低,高程每升高 100 m 温度就降低 6 ℃,因而使蒸发量减少,年径流量增大。

#### 2.2.2 湖泊

湖泊(包括水库在内)一方面通过对蒸发的影响而间接影响年径流量的大小,另一方面通过对流域蓄水量的调节而影响年径流量的变化。湖泊增加了流域的水面面积,而陆面蒸发小于水面蒸发,因此湖泊的存在增加了蒸发量,从而使年径流量减少。这种影响可用下式表示

$$\Delta y = \Delta z = z_{水} - z_{陆} \quad (3\text{-}2)$$

式中 $\Delta y$——年径流量变化量;

$z_{水}$——水面蒸发量；

$\Delta z$——年蒸发量变化量；

$z_{陆}$——陆面蒸发量。

由式(3-2)可见，年径流量的减少程度取决于湖泊的大小和蒸发差额($z_{水}-z_{陆}$)。后者在不同的气候区内是不同的。在干旱地区，由于水面蒸发量和陆面蒸发量相差很大，即($z_{水}-z_{陆}$)的数值很大，所以湖泊对减少年径流量的作用较显著。在湿润地区，由于水面蒸发与陆面蒸发相差不大，所以湖泊对年径流量的影响较小。另外，较大的湖泊增大了流域的调节作用，使 $\Delta v$ 值加大，对年径流变化发生作用。有湖泊的流域与无湖泊的流域相比，在 $\Delta v>0$ 的多水年份，湖泊可以多储蓄部分水量，使年径流量减少；而在 $\Delta v<0$ 的少水年份，湖泊则多放出一部分水量，使年径流量增加，因而起着减少径流年际变化的作用。

#### 2.2.3 流域大小

流域可看作一个径流调节器，输入为降水，输出为径流。一般随着流域面积的增大，径流量的变化相应地减小。这是因为：①流域面积增大时，一般地下蓄水量相应加大；②随着流域面积的加大，流域内部各地径流的不同期性愈加显著，所起的调节作用就更为明显。

### 2.3 人的各种经济活动的影响

人的活动对径流的影响可以归入两方面：

(1)直接影响：跨流域引水——南水北调、引黄济青、引滦济津、"三线"工程等。

(2)间接影响：修水库、塘堰等水利工程，旱地水改田、坡地改梯田、植树造林、种植牧草等改变下垫面条件措施。一般认为人的这些措施使降雨量增大、径流量减少。

## 3 设计年径流计算的目的及任务

### 3.1 工程规模与来水、用水、保证率的关系

年径流量的自然变化情势往往与用水部门的需求有矛盾。为了按时按量地满足用水部门的需水要求，必须兴建水利工程(如水库、闸坝、抽水站等)，对天然径流加以人工调节，按用水要求泄放。

各项水利工程的规模如何确定呢？今以确定灌溉水库的库容($V$)为例说明如下：

在丰水年份，由于降雨量多，河流中水量丰富，且作物需求的灌溉水量较少，来水与用水的矛盾不突出，解决这种丰水年份的灌溉用水需求，所需的工程规模(如水库的库容)较小。如图3-1所示，仅8月来水小于用水，要求水库供水以补充天然来水之不足，故用以满足灌溉用水所需的库容($V$)较小。相反，在枯水年份，降雨量少，河流中水量也较枯，并且由于气温高，蒸发大，耗水很多，作物要求的灌溉水量却很大，来水与用水的矛盾就很突出，满足这种枯水年份的灌溉用水要求，水库的库容就要大得多，如图3-2所示。

在同样的干旱年份，即使年来水量相同，但由于径流年内各月分配不同，对库容大小也有影响，如图3-3所示。两年总的平均流量相同，但(b)图的径流年内分配(概化成汛期、枯季两个流量)较(a)图的均匀，因此两年所需水库供水数量也就不同，往往径流年内分配不均匀的年份所需库容较大，即 $V_A>V_B$。

对于不同的年份，来水与用水有各种可能的组合情况，各年所需的库容也就大小不一。例如，根据某灌区20年的年径流量资料和灌溉用水量资料，就可以求出20个大小不

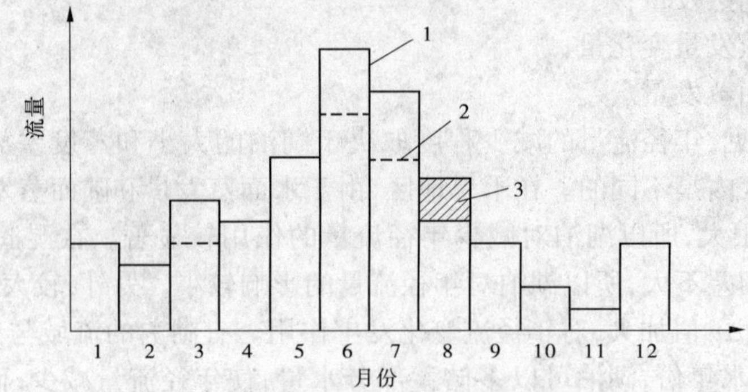


1—来水过程线;2—用水过程线;3—缺水量

**图 3-1　丰水年来、用水过程**

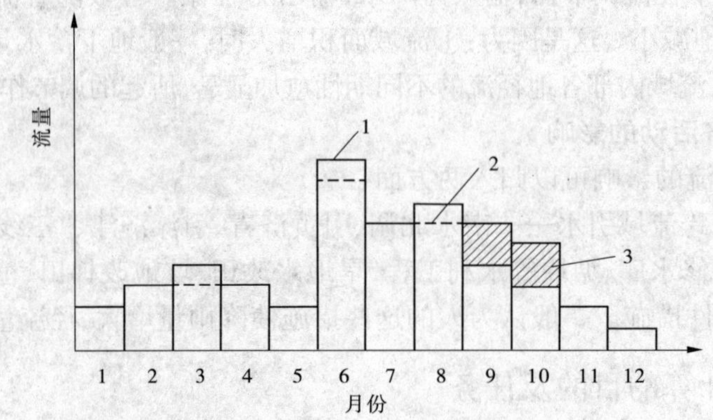


1—来水过程线;2—用水过程线;3—缺水量

**图 3-2　枯水年来、用水过程**

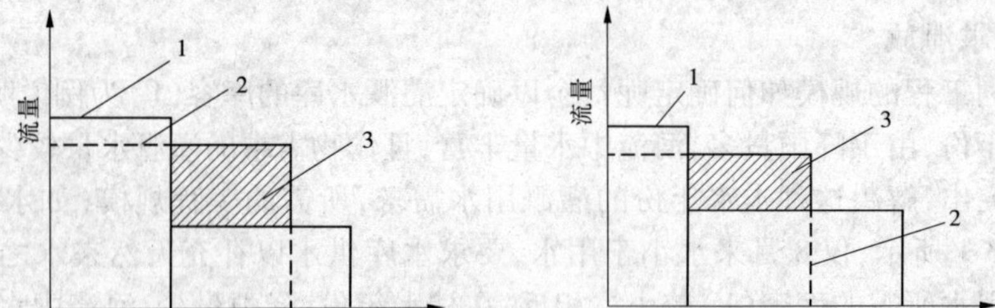


1—来水过程线;2—用水过程线;3—缺水量

**图 3-3　年来、用水过程**

同的库容值 $V_1, V_2, \cdots, V_{20}$。那么,应该用什么样的库容值来作为设计水库的依据呢?库容选大了,工程规模就大,用水的保证程度就高,投资也大;库容选小了,工程规模就小,当然灌溉用水的保证程度(保证率)就低,遇到大旱年份,灌溉用水得不到保证,作物就要减产甚至失收。

### 3.2 设计年径流的目的

由以上分析可知,人类开发利用水资源时,需要对河川径流进行水利规划,兴建各种水利水电工程,所以要掌握工程地点的河流水量及其变化规律。因来水量不同时,来水与用水的矛盾大小不一,而为解决矛盾所采取的工程措施也不一样。也就是说,在规划设计阶段要分析工程规模、来水、用水、保证率四者间的关系,经过技术经济比较来确定工程规模。因此,年径流计算的目的是满足国民经济各部门的需水要求,提供在设计条件下所需的年径流资料,此资料直接影响工程的规模及建筑物的尺寸,故应慎重对待。

### 3.3 设计年径流的任务

在工程设计中,设计保证率可根据国家规范、用水要求、当地自然地理情况及经济条件由用水部门合理确定。有关灌溉、发电等用水量的计算将在农田水利和水能计算有关章节中介绍,本章涉及的用水量资料都作为已知条件。而各项工程的规模,还要依据来水与用水情况,经过分析计算来确定。因此,本章的主要任务就是要分析研究年径流量的变化规律,解决工程设计的主要依据——来水。

由于水利工程调节性能的差异和采用的水利计算方法的不同,要求水文计算提供的年径流量的资料也有所不同。对于无调节性能的引水工程,要求提供历年(或代表年)的逐日流量过程资料;对于有调节性能的蓄水工程,则要求提供历年(或代表年)的逐月(旬)流量过程资料或各种时段径流量的频率曲线,供水利计算应用。一般可归纳为如下两大类。

(1)设计的长期年、月径流系列。这是为水利计算中采用长系列操作法确定工程规模所提供的一种设计年径流及其时程分配。

(2)代表年的年径流量及其年内分配。代表年分为实际代表年和设计代表年两种。提供这类径流资料的思路是,认为工程使用期限内的年径流按照过去发生的实际代表年或符合某一设计频率的设计代表年的径流模式发生,即把实际代表年或设计代表年的年径流及其年内分配作为工程未来的来水。根据水电站等用水部门的规模和设计精度要求等因素,设计代表年又分为设计枯水年、设计平水年和设计丰水年三种情况。

在实际工作中,经常遇到具有长期实测径流资料、具有短期实测径流资料和缺乏实测径流资料三种情况,下面逐一介绍。

# 任务2 具有实测资料时设计年径流的计算

## 1 资料的“三性”审查及分析

### 1.1 资料可靠性审查

#### 1.1.1 样本资料可靠性的概念

所谓样本资料可靠性,是指样本资料的可靠程度,从一定意义上讲也就是样本资料是否存在着某种较大的误差或错误。水文样本资料的来源主要是水文测验和水文调查的整编成果,这些资料从整体上讲,经过各级水文部门的层层把关审查,应该说是可靠的。但是,正是由于经历了许多道工序和许多人之手,也就难免在某些环节上由于人为主观因素或客观因素造成资料的某些缺陷。另外,在一些较大洪水期间,由于水情变化迅猛,观测条件的客观限制,也会造成资料的缺陷等。所以,在统计分析之前,就应该对原始资料进行复核,对测验精度、资料整编成果等作出分析评价。如问题较大,应进行定量修正。

#### 1.1.2　资料可靠性审查方法

##### 1.1.2.1　对水位资料的审查

对水位资料的审查重点放在对基面和水准点以及各个水尺零点高程的考证上,检查有无变动及错误。特别是观测期间水尺断面变动以及由于水位变化而改换水尺观测时水位衔接情况等,如查明水尺零点高程确有变动,应设法订正。另外,可用历年水位与有关水力因素或相关因素的关系曲线对照检查,如可用水位—面积、水位—流速两种关系曲线对比。

##### 1.1.2.2　对流量资料的审查

对流量资料的审查一般包括对实测资料的审查和对调查资料的审查。

对实测流量资料的审查,重点应放在以下几个方面:

(1)流速仪测流的成果。

(2)浮标法测流的成果等。

(3)在流量资料整编方面,应注意分析测站历年的水位—流量关系曲线的变化规律,各种因素对它的影响以及处理方法的合理性。分析时应注意:冲淤不严重和不受回水影响的测站,曲线高水部分历年大体上一致;曲线低水部分的变化有连续性,即相邻年末、年初洪水期水位—流量关系曲线应该是一致的;受洪水涨落率相近的影响,其水位—流量关系曲线的变幅也相似。

(4)另外,对流量成果应从上下游站的水量对照来分析成果的合理性。两站同次洪水比较,传播时间是否合理、水量是否平衡;两站同期日平均流量过程比较,其起伏变化是否相应;用年、月平均流量根据水量平衡原理进行上下游及干支流站的全面对比检查。

对调查流量资料的审查主要包括调查洪峰流量和调查枯水流量资料。对于调查洪水资料,重点是分析推求洪峰流量时依据的水位—流量曲线高水延长部分是否合理以及各水力要素的确定是否可靠等。另外,对其出现的年份及大小排位情况也应进行审查。对于枯水流量的审查,重点放在人类活动对枯水流量的影响上。

**【例 3-1】**　在 1959 年以前刊印的水文资料中,发现乌江渡站的年月径流系列有时较上游站为小。经检查,1959 年以前乌江渡站用浮标法测高水流量,浮标系数采用 0.85,通过 1960 年流速仪与浮标测流对比分析,高水浮标系数采用 0.85 偏低较多。改正后重新确定水位—流量关系曲线,推流成果就符合上下游站的水量平衡原理。

### 1.2　资料代表性分析

#### 1.2.1　样本资料的代表性概念

所谓样本资料的代表性,是指样本的统计特性(如统计参数)能否很好地反映总体的统计特性。样本系列的代表性好,是指样本的统计参数与总体的统计参数($x$、$C_v$、$C_s$)数值相近,或者是抽样误差小。

对于水文样本资料,要衡量其代表性的好坏,由于总体是未知的,故无法从样本资料系列本身进行评价。但根据抽样误差的变化规律,一般样本容量愈大,抽样误差就愈小,也就表明样本的代表性愈高。

1.2.2 样本资料的代表性审查方法

实际工作中，样本容量到底多大时代表性才好，这是不易确定的。因此，样本资料的代表性审查，通常可由其他长系列的参证资料作对比分析推论，方法如下：

设某站具有 $n$ 年的年径流量系列，为了检验这一系列的代表性，可选择与其成因上有联系的，并且具有充分代表性的长系列 $N$ 年（$N>n$）作为参证变量（例如年径流量或年降水量等）来进行比较。首先计算参证变量长系列 $N$ 年的统计参数，而后计算参证变量短系列 $n$ 年（与设计年 $n$ 年资料同期）相应的统计参数。假如两者的统计参数大致接近，就可以认为参证变量 $n$ 年这一系列在长系列 $N$ 年中具有代表性，从而认为与参证变量有成因联系的设计站 $n$ 年的年径流量系列也具有代表性。如果参证变量的长短系列统计参数值相差较大，则认为设计站 $n$ 年的年径流量系列缺乏代表性。

**【例3-2】** A 站具有 19 年（1958～1976 年）径流资料，试分析其代表性。

**解：**(1)在邻近地区选择与设计站年径流成因上有联系的，具有更长系列（$N=40$ 年）的 B 站年降水量作为参证变量。

(2)点绘两站同期资料的过程线图，见图 3-4。由图 3-4 发现其时序变化具有较好的同步性。

(3)求参证变量年降水量长短系列的分布参数。

长系列 $N=40$：$\bar{x}_N=1\ 655$ mm，$C_{vN}=0.25$，$C_{sN}=2C_{vN}$；

短系列 $n=19$：$\bar{x}_n=1\ 631$ mm，$C_{vn}=0.25$，$C_{sn}=2C_{vn}$。

两者甚为接近，说明参证站年降水量短系列在长系列中具有代表性。

(4)A 站年径流量和 B 站年降水量具有同步性，故推估 A 站 $n$ 年的年径流也具有代表性。

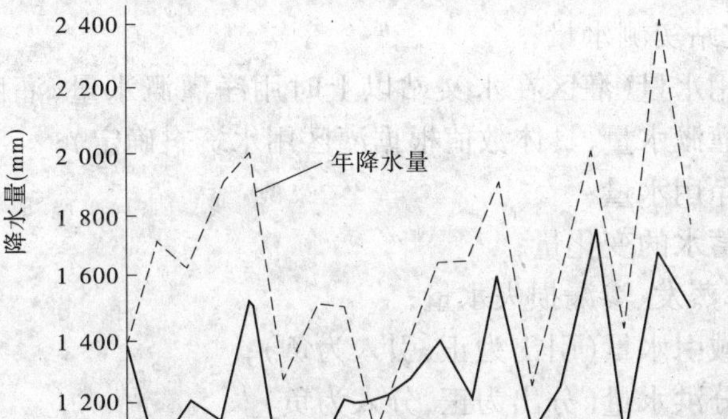


**图3-4 A站年径流与参证站年降水过程**

通过上述分析，如发现短系列的代表性不高，则应当尽量设法插补展延系列，以提高系列的代表性。在实际工作中，如选择不到恰当的参证变量，也可通过历史旱涝现象的调查和气候特性的分析，来论证年径流量系列的代表性。

### 1.3　资料的一致性还原

根据数理统计的基本原理，要求同一样本资料应在同一条件下产生，不能将不同性质、不同类型的资料选入同一样本，即整个样本资料的成因应该前后一致。由于人类活动改变了流域的下垫面条件，因此年径流量资料不是在同一条件下产生的，也就使资料的一致性遭到破坏。

#### 1.3.1　样本资料一致性的概念

所谓样本资料的一致性，是指样本资料前后是否在同一条件下产生，即要求各样本资料的形成条件具有相同的基础。在水文分析中，样本一致性的好坏主要表现在人类活动对水文过程的影响上，集中体现在人类活动对流域下垫面条件的改变上。对于径流资料来说，其影响因素为气候条件和下垫面条件，一般气候条件在短期内不会有明显的变化；而下垫面条件在人类活动的干预下经常会发生较大变化，从而影响径流的形成机制。例如兴建水库前后、水土保持措施实施前后、河道整治前后、灌溉引水前后等情况下，河道径流都会有所改变。当样本资料系列的一致性受到破坏时，则应把变化后的资料进行合理的修正，消除人类活动的影响，还原到工程建成前的同一基础上。

#### 1.3.2　径流量还原计算方法

由于人类活动对径流的影响十分复杂，而实际资料系列又很短，所以现有的还原计算方法都比较粗略。年径流量还原计算常用水量平衡法、降雨径流相关法等，下面分别介绍。

##### 1.3.2.1　水量平衡法

水量平衡法用以下方程式计算

$$W_{天然} = W_{实测} + W_{还原} = W_{实测} + W_{灌} + W_{工} + W_{库损} + W_{蓄} + W_{引} + W_{分} \tag{3-3}$$

式中　$W_{天然}$——还原后的天然水量；

$W_{实测}$——水文站实测水量；

$W_{灌}$——灌溉用水量（灌区在水文站以上时用净灌溉水量，灌区在水文站以下时，用毛灌溉水量，具体数值根据灌区用水资料确定）；

$W_{工}$——工业净用水量；

$W_{蓄}$——水库蓄水的变化量；

$W_{库损}$——水库蒸发、渗漏损失水量；

$W_{引}$——跨流域引水量（引出为正，引入为负）；

$W_{分}$——河道分洪水量（分出为正，分入为负）。

关于式中各项值的调查确定应参见水资源评价方面的书籍，这里不作详细讲述。再如，对于洪水过程的还原计算，仍可使用式(3-3)，只是时段应尽可能缩短。一般洪水历时不长，因而式中的 $W_{库损}$ 及 $W_{工}$ 都可忽略不计，洪水时期一般也没有灌溉用水，$W_{灌}$ 也可忽略不计。若流域无跨流域引水和分洪问题，以上水量平衡方程就可简化为

$$W_{天然} = W_{实测} + W_{蓄} \tag{3-4}$$

若计算时段为 $\Delta t$，式(3-4)两边同除以 $\Delta t$，得

$$Q_{天然} = Q_{实测} + W_{蓄}/\Delta t \tag{3-5}$$

式中 $Q_{天然}$——天然流量,$m^3/s$;

$Q_{实测}$——实测流量,$m^3/s$。

对众多中小型水利工程和水土保持措施的影响,则可通过试验资料或工程前后资料的对比分析来确定,并对资料做适当的还原计算。但由于中小型工程量多,分布广,建成时间早晚不一,因此在实际工作中还原计算比较复杂,应参考有关书籍。

1.3.2.2 降雨径流相关法

利用历史资料,建立降雨、径流之间的经验关系,由二者经验关系上出现的差别判断径流资料是否存在不一致性。根据气象资料的一致性,可以认为人类活动对降水是没有影响的。所以,降雨径流关系上出现的差别只能说明径流资料存在不一致性。具体方法如下。

将 $n$ 年降雨与径流资料系列划分为人类活动影响的前后两段,点绘水文站面平均雨量与天然径流量相关图,见图3-5。如果前段点据(三角点)与后段点据(圆点)明显偏离,则表明下垫面条件对径流影响较大,需对年径流系列进行修正。

通过点群中心绘制其降水—径流相关线,见图3-5。上面一条线为人类活动影响前的降水径流关系,下面一条线代表人类活动影响后的降水—径流关系,两线纵坐标之差即人类活动影响使年径流减小的幅度。

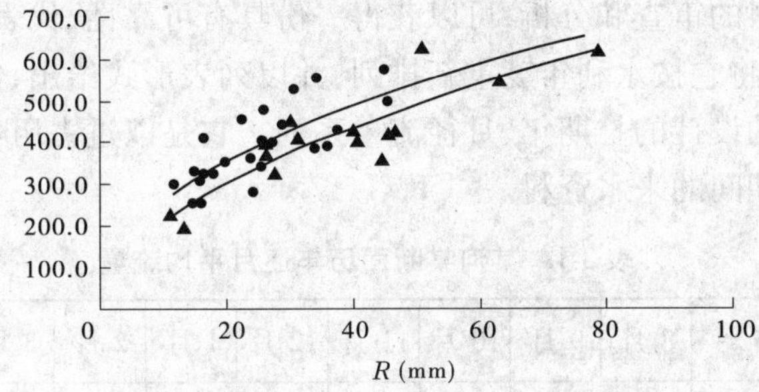


图3-5 某站降水—径流关系图

选定一个年降水量值,从图中两条曲线上可查出(或直接用两个降水—径流关系求得)两个年径流深值 $R_1$ 和 $R_2$,则年径流衰减率 $\alpha$ 和修正系数 $\beta$ 分别为

$$\alpha = (R_1 - R_2)/R_1 \times 100\% \tag{3-6}$$

$$\beta = R_2/R_1 \tag{3-7}$$

式中 $R_1$——代表人类活动影响前下垫面条件下的产流深,mm;

$R_2$——代表人类活动影响后下垫面条件下的产流深,mm。

根据需要修正年份的降水量,由两条关系线可计算得 $R_1$、$R_2$,然后根据 $R_2/R_1$ 计算出修正系数 $\beta$,乘以该年修正前的天然年径流量,即可求得该年修正后的天然年径流量。

另外,限于资料条件,还原计算只是一种估算,成果不可能非常精确,甚至会出现矛盾和不合理的地方,必须进行合理性检查。

## 2 有长期实测径流资料时设计年径流计算

### 2.1 基本概念

在水利工程规划设计阶段,为了确定工程规模,要求水文计算提供未来工程运行期间的径流过程。众所周知,水利工程的使用年限一般长达几十年甚至几百年,要通过成因分析的途径预报未来长期的径流过程是不可能的。因此,目前都是用当地过去的长期径流变化过程来代表未来的径流变化情况。这样做的基本依据是:工程所在地点以往某一年的年径流变化过程虽然将来不可能重现,但是长时期的变化情势应该是基本稳定的。所谓基本稳定,不能理解为各年的天气情况不变,而是说各种气候因素虽然在年际间不断变化着,但是这种变化只是在平均水平上下波动,并没有增大或减小的明显趋势。

另外,还可以用数理统计方法研究年径流量变化的统计规律。可以认为年径流量是简单的独立随机变量,年径流量系列可作为随机系列。样本来自总体,它能够反映总体的分布规律。而未来工程运行期间的年径流量系列也是总体的一部分,所以可以由以往实测年径流量系列求得的样本分布函数推断总体分布,并作为未来的工程运行期间($K$ 年)年径流量的分布函数。但 $n$ 年长期实测年径流量系列是一个样本,只是总体的一部分,用它来反映总体的分布规律,不可避免地存在着抽样误差。抽样误差的大小,取决于 $n$ 年年径流量系列的代表性的高低。

综上所述,认为由以往长期实测年径流量过程来反映未来工程运行期间的年径流量变化是合理的。

## 2.2 设计代表年的长期年、月径流量系列的选取

通过对径流资料的审查和分析,可以获得一份具有可靠性、代表性和一致性的历年逐月径流量资料,然后将它按水利年度重新排列,并以列表形式给出,如表 3-1 所示,它就是水利计算要求提供的设计的长期年、月径流量系列。它是以过去历年实测的年、月径流量作为未来工程运行期间的来水资料。

**表 3-1 某河某断面历年逐月平均流量** (单位:$m^3/s$)

| 年份 | 6月 | 7月 | 8月 | 9月 | 10月 | 11月 | 12月 | 1月 | 2月 | 3月 | 4月 | 5月 | 年平均 |
|---|---|---|---|---|---|---|---|---|---|---|---|---|---|
| 1961~1962 | 149 | 278 | 168 | 176 | 122 | 72.0 | 50.0 | 43.6 | 28.0 | 41.4 | 56.0 | 65.0 | 104 |
| 1962~1963 | 152 | 229 | 323 | 144 | 191 | 84.0 | 35.8 | 29.4 | 25.1 | 25.1 | 50.0 | 89.5 | 115 |
| ⋮ | ⋮ | ⋮ | ⋮ | ⋮ | ⋮ | ⋮ | ⋮ | ⋮ | ⋮ | ⋮ | ⋮ | ⋮ | ⋮ |
| 1967~1968 | 150 | 252 | 620 | 504 | 283 | 145 | 77.7 | 56.6 | 45.6 | 42.9 | 114 | 117 | 200 |
| ⋮ | ⋮ | ⋮ | ⋮ | ⋮ | ⋮ | ⋮ | ⋮ | ⋮ | ⋮ | ⋮ | ⋮ | ⋮ | ⋮ |
| 1972~1973 | 269 | 339 | 189 | 241 | 160 | 105 | 68.0 | 48.7 | 38.3 | 41.0 | 119 | 176 | 150 |
| ⋮ | ⋮ | ⋮ | ⋮ | ⋮ | ⋮ | ⋮ | ⋮ | ⋮ | ⋮ | ⋮ | ⋮ | ⋮ | ⋮ |
| 1979~1980 | 190 | 248 | 553 | 286 | 204 | 106 | 65.4 | 46.9 | 33.8 | 51.8 | 78.4 | 163 | 169 |
| 平均值 | 250 | 330 | 208 | 253 | 150 | 103 | 60.8 | 50.7 | 41.7 | 38.1 | 109 | 136 | 153 |

## 2.3 设计代表年的年、月径流量计算

设计年径流指的是相应于设计标准的年径流量,设计年径流量在年内各月(或旬)的分配称设计年内分配,通常是采用按代表年径流过程缩放的办法求得的,因此也称为设计代表年的年、月径流量。

设计代表年的年、月径流量计算内容包括设计年径流量及设计时段径流量的计算,设计年径流量的年内分配的计算。

### 2.3.1 设计年径流量及设计时段径流量的计算

#### 2.3.1.1 确定计算时段

在确定设计代表年的径流量时,一般要求年径流量及一些计算时段的径流量达到指定的设计保证率,因此在对年径流量进行频率计算时,常需对其他时段的径流量也进行计算。此时根据工程需要确定计算时段。如以灌溉为主的水库,可取灌溉期为径流计算时段,以发电为主的水电工程以年及枯水期为计算时段,据此计算发电量及保证出力。

#### 2.3.1.2 频率计算

如计算时段为年,则按水利年度统计年、月径流量,构成新的年径流量系列。如计算时段为枯水期4个月,则统计历年连续最枯的4个月总水量,组成枯水系列。用频率计算方法,计算出年径流量(或时段径流量),即为设计年径流量(或设计时段径流量)。

径流频率计算依据的径流系列应在20年以上。径流系列年份应尽可能连续。当调查到历史特枯(丰)水年或实测中有一特枯(丰)水年,经考证确定其重现期后,合理修正其在样本中计算的经验频率,再进行绘点配线确定统计参数。

**【例3-3】** 某水库具有28年的年、月径流量资料,计算时段采用年、最小3个月、最小5个月,求丰水年 $P=10\%$、平水年 $P=50\%$、枯水年 $P=90\%$ 时段为年的设计年径流量和 $P=90\%$ 的最小3个月、最小5个月的设计时段径流量。

**解:** 首先对年、月径流量资料进行整理和分析,并列表统计各时段径流量(统计表略),然后进行频率计算,成果见表3-2。

**表3-2 某水库时段径流量频率计算成果**

| 计算时段 | 均值($m^3/s$) | $C_v$ | $C_s/C_v$ | $P=10\%$ ($m^3/s$) | $P=50\%$ ($m^3/s$) | $P=90\%$ ($m^3/s$) |
|---|---|---|---|---|---|---|
| 12个月 | 131.0 | 0.32 | 2.0 | 188 | 128 | 81.8 |
| 最小5个月 | 18.0 | 0.47 | 2.0 | | | 8.45 |
| 最小3个月 | 9.1 | 0.50 | 2.0 | | | 4.00 |

#### 2.3.1.3 成果合理性检查

应用水文统计方法推求的成果必须符合水文现象的客观规律。因此,需要对所求频率曲线和统计参数进行合理性检查,方法如下:

(1)所求年及其他各时段径流量频率曲线在实用范围内不得相交。即要求同一频率的设计值,长时段的要大于短时段的,否则应修改频率曲线。

(2)各时段的径流量统计参数在时间上能协调。即均值随时段的增长而加大,$C_v$ 值

一般随时段的增长有递减的趋势。

(3)所求统计参数与上下游、干支流、邻近河流的同时段统计参数进行对比分析，在地区上应符合一般规律，即流量的均值随流域面积的增大而增大，$C_v$ 值一般随流域面积的增大有减小的趋势。如不符合，应结合资料情况和流域特点进行深入分析，找出原因。

(4)可将年径流量统计参数与流域平均年降水量统计参数进行对比。即年径流量的均值应小于流域平均降水量的均值；而一般以降雨补给为主的河流，年径流量的 $C_v$ 值应大于年降水量的 $C_v$ 值。

### 2.3.2 设计年径流量年内分配的计算

当求得设计年径流量之后，尚需根据径流年内变化特性及水利计算要求确定设计年径流量的年内分配。径流量年内分配计算多采用缩放典型年径流过程的方法，具体有同倍比法和同频率法两种。

#### 2.3.2.1 典型年的选择

典型年应从测绘精度较高的实测年份中挑选，一般选丰、平、枯三个典型年。典型年的选择考虑以下两方面：

(1)典型年的年径流量和调节供水期的径流量应接近于设计年径流量。

(2)当满足此条件的典型年不止一个时，应选取其中较为不利的、使工程设计偏于安全的典型年。如对于灌溉工程，应选取灌溉需水季节径流比较枯的年份；对于水电工程，则选取枯水期较长、径流又较枯的年份。

#### 2.3.2.2 设计年径流量年内分配的计算

将设计时段径流量按典型年的月径流过程进行分配，具体有同倍比法和同频率法两种。

(1)同倍比法。按上述原则选定典型年后，计算设计年径流量 $W_P$ 与典型年的年径流量 $W_D$ 的比值 $K_Y$，即

$$K_Y = W_P/W_D \tag{3-8}$$

以 $K_Y$ 值乘典型年的逐月平均流量，即得设计年径流量过程。

若计算时段是枯水期，则计算设计时段径流量 $W_{TP}$ 与典型年时段径流量 $W_{TD}$ 之比值 $K_T$，即

$$K_T = W_{TP}/W_{TD} \tag{3-9}$$

以 $K_T$ 乘典型年的逐月平均流量，即得设计时段径流的分配。

因年内各月均采用同一倍比，故称为同倍比法。

(2)同频率法。同倍比法所求的设计年内分配，只是年或某一时段的径流量符合设计频率的要求。有时需要所求设计年内分配的年及其他各个时段的径流量都能符合设计频率，这就需要采用同频率法。

同频率法也可以称为多倍比法，即将代表各月(旬)的径流量分段按不同的倍比缩放。例如若要求设计最小 1 个月、最小 3 个月、最小 5 个月以及全年的径流量($W_{1P}$、$W_{3P}$、$W_{5P}$ 和 $W_{12P}$)都符合设计频率，则各时段的缩放倍比如下：

最小 1 个月的倍比

$$K_1 = \frac{W_{1P}}{W_{1D}} \tag{3-10}$$

最小3个月其余两个月的倍比

$$K_{3-1} = \frac{W_{3P} - W_{1P}}{W_{3D} - W_{1D}} \tag{3-11}$$

最小5个月其余两个月的倍比

$$K_{5-3} = \frac{W_{5P} - W_{3P}}{W_{5D} - W_{3D}} \tag{3-12}$$

全年其余7个月的倍比

$$K_{12-5} = \frac{W_{12P} - W_{5P}}{W_{12D} - W_{5D}} \tag{3-13}$$

用同频率法求出的设计年径流的年内分配，其各时段流量都符合设计频率的要求，但由于采用了几个一般来说不会相同的倍比缩放，结果是破坏了年径流的分配形状，因此对同频率法所得的成果要进行成因分析和合理性分析。

**【例3-4】** 某河某断面有1961～1980年共20年的逐月径流资料，现拟在该断面处兴建水力发电站，需要求出频率为90%的设计枯水年流量年内分配，频率为10%的设计丰水年流量年内分配。

**解**：(1)根据径流分配特性和水力计算要求，取6月至次年5月为水利年度。将原有径流资料按水利年度重新统计为19年资料，见表3-3。

(2)根据19年年平均流量系列，通过频率计算，求得频率分别为90%、10%的设计年流量为$Q_{90\%}=106\ m^3/s$，$Q_{10\%}=210\ m^3/s$。

(3)根据19年逐月径流系列分别建立最大1个月、最大3个月、最小1个月、最小3个月径流量系列。通过频率计算，求得频率为90%的设计最小1个月、最小3个月径流量分别为27($m^3/s$)·月、97($m^3/s$)·月；频率为10%的设计最大1个月、最大3个月径流量分别为608($m^3/s$)·月、1 282($m^3/s$)·月。

(4)根据选择典型年的原则，分别选出1961～1962年和1967～1968年的流量过程线为90%枯水年和10%丰水年的典型流量过程线。其中，典型枯水流量过程线中最小1个月、最小3个月径流量分别为

$$W_{1D} = 28.0(m^3/s)\cdot 月$$

$$W_{3D} = 43.6 + 28.0 + 41.4 = 113((m^3/s)\cdot 月)$$

典型丰水流量过程线中最大1个月、最大3个月径流量分别为

$$W_{1D} = 620(m^3/s)\cdot 月$$

$$W_{3D} = 620 + 504 + 283 = 1\ 407((m^3/s)\cdot 月)$$

(5)用同倍比法将各个典型年过程线缩放成设计流量过程线。对于90%枯水年倍比为106/104=1.02；10%丰水年倍比为210/200=1.05。计算成果见表3-3。

(6)用同频率法将各个典型年过程线缩放成设计流量过程线。对于90%枯水年，其倍比如下：

最小1个月倍比

$$K_1 = \frac{W_{1P}}{W_{1D}} = \frac{27}{28} = 0.96$$

最小 3 个月其余两个月的倍比

$$K_{3-1} = \frac{W_{3P} - W_{1P}}{W_{3D} - W_{1D}} = \frac{97 - 27}{113 - 28} = 0.82$$

全年其余 9 个月的倍比

$$K_{12-3} = \frac{W_{12P} - W_{3P}}{W_{12D} - W_{3D}} = \frac{106 \times 12 - 97}{1\ 249 - 113} = 1.03$$

同理,计算 10% 丰水年倍比如下:

最大 1 个月的倍比

$$K_1 = \frac{W_{1P}}{W_{1D}} = \frac{608}{620} = 0.98$$

最大 3 个月其余两个月的倍比

$$K_{3-1} = \frac{W_{3P} - W_{1P}}{W_{3D} - W_{1D}} = \frac{1\ 282 - 608}{1\ 407 - 620} = 0.86$$

全年其余 9 个月的倍比

$$K_{12-3} = \frac{W_{12P} - W_{3P}}{W_{12D} - W_{3D}} = \frac{210 \times 12 - 1\ 282}{2\ 407 - 1\ 407} = 1.24$$

计算成果见表 3-3。

**表 3-3　设计年径流过程计算**

| 分类 | 项目 | | 计算各月及全年平均流量($m^3/s$) | | | | | | | | | | | | |
|---|---|---|---|---|---|---|---|---|---|---|---|---|---|---|---|
| | | | 6 月 | 7 月 | 8 月 | 9 月 | 10 月 | 11 月 | 12 月 | 1 月 | 2 月 | 3 月 | 4 月 | 5 月 | 全年 |
| 典型年 | 1961 ~ 1962 | | 149 | 278 | 168 | 176 | 122 | 72.0 | 50.0 | 43.6 | 28.0 | 41.4 | 56.0 | 65.0 | 104 |
| 90%设计枯水年 | 同倍比法 | 倍比 | 1.02 | 1.02 | 1.02 | 1.02 | 1.02 | 1.02 | 1.02 | 1.02 | 1.02 | 1.02 | 1.02 | 1.02 | 106 |
| | | 设计过程线 | 152 | 284 | 171 | 180 | 124 | 73 | 51 | 44.5 | 28.6 | 42.2 | 57.1 | 66.3 | |
| | 同频率法 | 倍比 | 1.03 | 1.03 | 1.03 | 1.03 | 1.03 | 1.03 | 1.03 | 0.82 | 0.96 | 0.82 | 1.03 | 1.03 | 106 |
| | | 设计过程线 | 153 | 286 | 173 | 181 | 126 | 74.2 | 51.5 | 35.8 | 26.9 | 33.9 | 57.7 | 67.0 | |
| 典型年 | 1967 ~ 1968 | | 150 | 252 | 620 | 504 | 283 | 145 | 77.7 | 56.6 | 45.6 | 42.9 | 114 | 117 | 200 |
| 10%设计丰水年 | 同倍比法 | 倍比 | 1.05 | 1.05 | 1.05 | 1.05 | 1.05 | 1.05 | 1.05 | 1.05 | 1.05 | 1.05 | 1.05 | 1.05 | 200 |
| | | 设计过程线 | 158 | 265 | 651 | 529 | 297 | 152 | 81.6 | 59.4 | 47.9 | 45.0 | 120 | 123 | |
| | 同频率法 | 倍比 | 1.24 | 1.24 | 0.98 | 0.86 | 0.86 | 1.24 | 1.24 | 1.24 | 1.24 | 1.24 | 1.24 | 1.24 | 210 |
| | | 设计过程线 | 186 | 312 | 608 | 433 | 243 | 180 | 96.3 | 70.2 | 56.5 | 53.2 | 141 | 145 | |

2.3.3 讨论

(1)用设计时段水量控制的同倍比法,所求得的设计年、月径流过程仍保持原代表年的分配形状,缩放后控制时段内的径流量值恰当,符合设计频率,而其他时段的径流量值则未必符合设计的时段径流量值。

(2)用同倍比法缩放求得的设计年、月径流过程,对代表年的分配情况有很大影响。

(3)设计代表年法常用于水电工程的水力水能计算,而较少用于灌溉工程。

这是因为灌溉用水与气象资料有关,作物需水量的大小取决于当年的蒸发资料,灌溉水量的多少取决于当地的降水情况。如用设计代表年法,来水可按代表年缩放,与该代表年相配合的灌溉用水量如何求得?即要不要对蒸发和降水资料缩放?用什么倍比缩放?这些问题较难处理,所以灌溉工程不用设计代表年法,而用实际代表年法。

**2.4 实际代表年的年、月径流量选取**

在小型灌溉工程的规划设计中,广泛采用实际代表年法进行水利计算。该法的来水是通过下述方法确定的:对当地历史上发生过的旱灾情况进行调查分析,确定各干旱年的干旱程度,然后根据要求从实测年、月径流资料中选定某一实际的干旱年份作为代表年,该年的径流过程就是实际代表年的年、月径流量。以此作为来水,加上该年的实际用水资料进行调节计算,就可确定工程规模。

## 3 有短期实测径流资料时设计年径流计算

**3.1 概述**

上节中已详述了实测径流资料较长时,设计年径流量及其年内分配的计算。但是,要求所有设计断面具备较长的实测资料,显然是不可能的,因此必须设法解决资料不足时的计算问题。在这种情况下,主要采用展延系列的方法将短期系列展延为长期系列,然后以上节介绍的方法推求设计年径流及其年内分配。系列展延的方法一般用前述相关分析法,但要注意参证变量的选择。

参证资料可根据下列条件选用:

(1)参证资料要与设计站的年、月径流资料在成因上有密切联系,这样才能保证展延后成果的可靠性;

(2)参证资料与设计站年、月径流资料要有一段相当长的平行观测期,以便建立可靠的相关关系;

(3)参证资料必须具有足够长的实测系列,除用以建立相关关系的同期资料外,还要有用来展延设计站缺测年份的年、月径流资料。

当然,对不同流域而言,最恰当的参证变量可以完全不同。对同一断面在不同年份按资料情况也可选用不同的参证变量。

**3.2 相关展延系列的方法**

在实际工作中,通常利用径流量或降雨量作为参证资料来展延设计站的年、月径流量系列。下面介绍利用径流资料和降雨资料展延系列的方法。

3.2.1 利用径流资料展延系列

3.2.1.1 以邻站径流量相关法展延设计站年径流量系列

当设计站实测年径流量资料不足时,往往利用上下游、干支流或邻近流域测站的长系列实测年径流量资料来展延系列。其依据是影响年径流量的主要因素是降雨和蒸发,它们在地区上具有同期性,因而各站年径流量之间也具有相同的变化趋势,可以建立相关关系。图 3-6 所示为陈村站和泗交站年径流量相关图。

3.2.1.2　以月径流量相关展延年、月径流量系列

由于影响月径流量相关的因素较年径流量相关的因素要复杂,因此月径流量之间的相关关系不如年径流量相关关系好。图 3-7 中月径流量相关点据较图 3-6 中年径流量相关点据散乱。因此,用月径流量相关来插补展延径流量时,一般精度较低。

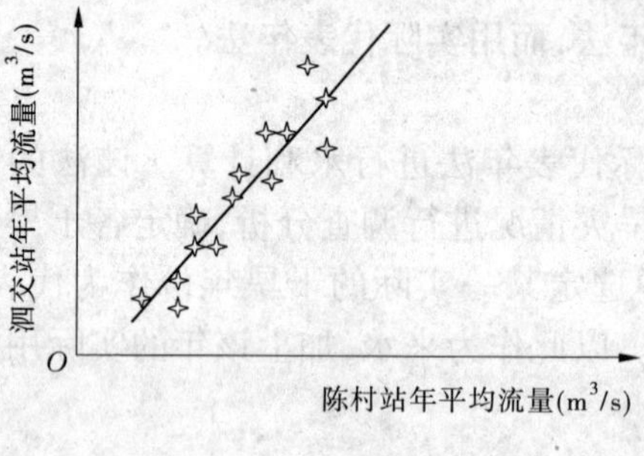


图 3-6　陈村站和泗交站年径流量相关图

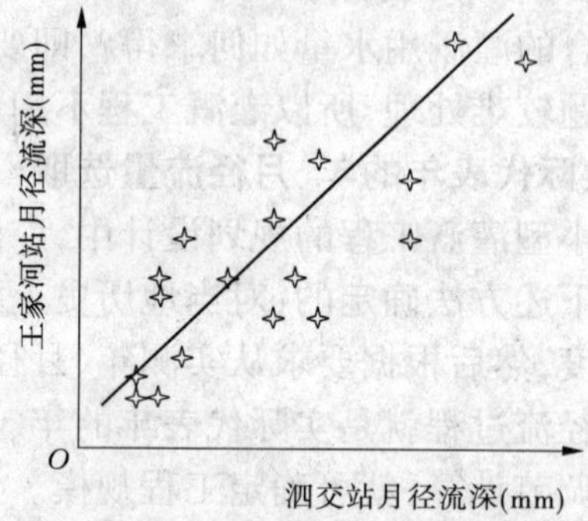


图 3-7　王家河站和泗交站月径流资料相关图

3.2.2　利用降雨资料展延系列

3.2.2.1　以年降雨径流相关法展延年平均流量系列

以年为时段的闭合流域水量平衡方程为

$$y_{年} = x_{年} - z_{年} + \Delta v_{年} \tag{3-14}$$

式中 $y_{年}$——年径流量;

$x_{年}$——年蒸发量;

$z_{年}$——年降雨量;

$\Delta v_{年}$——年内流域蒸发量变化值。

在干旱地区,年降雨量中的很大部分耗于流域蒸发,年径流系数很小,因此年径流量与年降雨量之间关系微弱,很难定出相关线,插补的资料精度较低。在湿润地区,由于年径流系数较大,$z_{年}$、$\Delta v_{年}$ 两项各年的变幅较小,所以 $y_{年}$ 和 $x_{年}$ 间往往存在较好的相关关系。泗交站多年降雨量与年径流量相关图见表 3-4、图 3-8。

表 3-4　泗交站降雨、径流资料

| 年份 | 流域平均降雨量(mm) | 平均流量($m^3$/s) | 径流深(mm) |
|---|---|---|---|
| 1980 | 771.9 | 171 | 123 |
| 1981 | 635.7 | 128 | 92.1 |
| 1982 | 959.8 | 393 | 282.7 |
| 1983 | 963.8 | 393 | 282.7 |
| 1984 | 913.0 | 423 | 304.3 |

续表 3-4

| 年份 | 流域平均降雨量(mm) | 平均流量($m^3/s$) | 径流深(mm) |
|---|---|---|---|
| 1985 | 791.2 | 401 | 288.5 |
| 1986 | 562.2 | 159 | 114.4 |
| 1987 | 809.0 | 141 | 101.4 |
| 1988 | 765.1 | 213 | 153.2 |
| 1989 | 813.9 | 234 | 168.3 |
| 1990 | 746.6 | 250.8 | 180.6 |
| 1991 | 516.0 | 136.3 | 98 |
| 1992 | 720.0 | 209.2 | 150.5 |
| 1993 | 825.8 | 198.3 | 142.7 |
| 1994 | 679.5 | 159.7 | 114.9 |
| 1995 | 515.1 | 74.7 | 53.8 |
| 1996 | 682.1 | 120.7 | 86.8 |
| 1997 | 398.2 | 50.6 | 36.4 |
| 1998 | 973.4 | 447.8 | 322.2 |
| 1999 | 685.6 | 141.5 | 101.9 |
| 2000 | 532.3 | 67.3 | 48.4 |
| 2001 | 581.8 | 69.7 | 50.2 |
| 2002 | 614.5 | 57.8 | 41.6 |

3.2.2.2 以月降雨径流相关法展延年、月径流量系列

有时由于设计站本身的径流资料年限较短,点据过少,不足以建立年降雨径流关系,这种情况在中小河流的水文计算中经常遇到。另外,在来、用水调节计算时也需要插补展延月径流量。因此,除建立年降雨径流相关关系外,有时还需要建立月降雨径流相关关系,但两者关系一般不太密切,有时点据甚至散乱到无法定相关线的程度。

点据散乱的原因可根据以月为时段的闭合流域水量平衡方程式来分析

$$y_{月} = x_{月} - z_{月} + \Delta v_{月} \tag{3-15}$$

式中,$\Delta v_{月}$ 项的作用增大,如不同月份的前期降雨量(反映 $\Delta v_{月}$)不同,相同的月降雨量可能产生差别较大的月径流量。另外,按日历时间机械地划分月降雨量和月径流量,有时月末的降雨量所产生的径流量可能在下个月初流出,造成月降雨量与月径流量不相应的情况。修正时,可将月末降雨量的全部或部分计入下个月的降雨量,或者将在下个月初流出的径流量计入上个月径流量中,使其与降雨量相应。这样月降雨径流关系中的部分点据可以更集中一些。

至于枯水期的月径流量,则主要来自流域蓄水($\Delta v_{月}$ 项),几乎与当月内微量的降雨无关,所以月降雨径流关系一般是不好的,甚至无法定线。

**【例 3-5】** 为了陈村灌区的需要,拟在青弋江支流徽水上建平垣水库。平垣站具有14 年短期实测年、月径流资料,要求根据资料情况,展延平垣站年、月径流系列。

**解**:(1)收集资料,有关测站分布见图3-9,有关资料见表3-5、表3-6;对有关水文资料进行审查,陈村水库1970年起蓄水发电,年径流受到人类活动的影响,因此1970年以后陈村站年、月径流不能直接应用,需要进行一致性修正。本例展延时,未用陈村站1970年以后的年、月径流资料。

(2)拟订插补方案并建立相关关系。按选择参证站资料的条件和结合本例资料情况,有以下几个方案可供插补平垣站年、月径流使用。

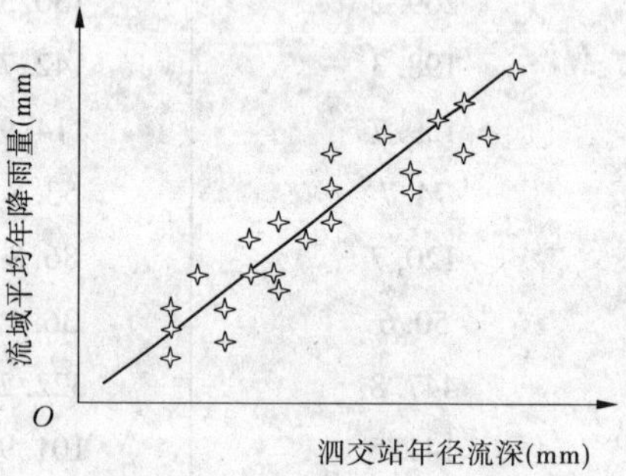


图3-8　泗交站年降雨径流相关图

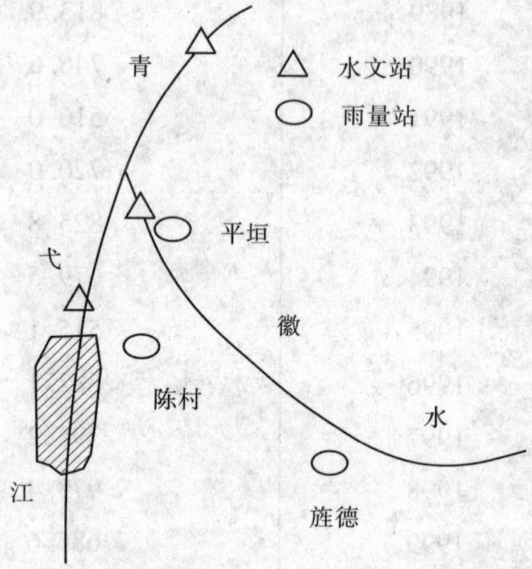


图3-9　有关测站分布

**表3-5　青弋江流域主要测站有关观测项目资料长度**

| 站名 | 流域面积($km^2$) | 观测项目 | 观测年份 | | | | | | | | | | | |
|---|---|---|---|---|---|---|---|---|---|---|---|---|---|---|
| | | | 1950 | 1951 | 1952 | 1953 | 1954 | 1955 | 1956 | 1957 | 1958 | 1959 | 1960 | |
| 平垣 | 992 | 流量 | | | | √ | √ | √ | | | | √ | √ | |
| | | 水位 | | | | √ | √ | √ | | | | √ | √ | |
| 陈村 | 2 864 | 流量 | | | √ | √ | √ | √ | √ | √ | √ | √ | √ | |
| 西河镇 | 5 796 | 流量 | | √ | √ | √ | √ | √ | √ | √ | √ | √ | √ | |
| 平垣 | | 雨量 | | | | √ | √ | √ | √ | √ | √ | √ | √ | |
| 旌德 | | 雨量 | | | | √ | √ | √ | √ | √ | √ | √ | √ | |

| 站名 | 流域面积($km^2$) | 观测项目 | 观测年份 | | | | | | | | | | | |
|---|---|---|---|---|---|---|---|---|---|---|---|---|---|---|
| | | | 1961 | 1962 | 1963 | 1964 | 1965 | 1966 | 1967 | 1968 | 1969 | 1970 | 1971 | 1972 |
| 平垣 | 992 | 流量 | √ | √ | √ | √ | √ | √ | √ | √ | √ | | | |
| | | 水位 | √ | √ | √ | √ | √ | √ | √ | √ | √ | √ | √ | √ |
| 陈村 | 2 864 | 流量 | √ | √ | √ | √ | √ | √ | √ | √ | √ | √ | √ | √ |
| 西河镇 | 5 796 | 流量 | √ | √ | √ | √ | √ | √ | √ | √ | √ | √ | √ | √ |
| 平垣 | | 雨量 | √ | √ | √ | √ | √ | √ | √ | √ | √ | √ | √ | √ |

表 3-6 青弋江流域各站平均流量与平均降雨量插补成果

| 年份 | 平垣站多年平均流量（$m^3/s$） | 陈村站多年平均流量（$m^3/s$） | 西河镇站多年平均流量（$m^3/s$） | 区间多年平均流量（$m^3/s$） | 流域平均降雨量（mm） | 由陈村插补得平垣多年平均流量（$m^3/s$） | 平垣多年平均流量采用成果（$m^3/s$） | 备注 |
|---|---|---|---|---|---|---|---|---|
| (1) | (2) | (3) | (4) | (5) | (6) | (7) | (8) | (9) |
| 1951 | | | 167 | | | | (25.7) | 由西河镇站插补 |
| 1952 | | 94.1 | 165 | 70.9 | | 25.3 | (25.3) | 由陈村站插补 |
| 1953 | 22.4 | 89.7 | 150 | 60.3 | 1 452.8 | | 22.4 | |
| 1954 | 55.6 | 190 | 344 | 154 | 2 399.2 | | 55.6 | |
| 1955 | 24.0 | 84.2 | 162 | 77.8 | 1 461.4 | | 24.0 | |
| 1956 | | 95.7 | 189 | 93.3 | 1 780.1 | 25.9 | (25.9) | 由陈村站插补 |
| 1957 | | 91.3 | 176 | 82.9 | 1 657.8 | 25.0 | (25.0) | 由陈村站插补 |
| 1958 | | 58.8 | 110 | 51.2 | 1 193.7 | 14.6 | (14.6) | 1～5月由陈村站插补<br>6月以后为实测 |
| 1959 | 23.1 | 88.3 | 150 | 61.7 | 1 618.6 | | 23.1 | |
| 1960 | 24.2 | 84.3 | 151 | 66.7 | 1 643.2 | | 24.2 | |
| 1961 | 20.5 | 70.7 | 137 | 66.3 | 1 532.3 | | 20.5 | |
| 1962 | 19.8 | 88.6 | 146 | 57.4 | 1 562.6 | | 19.8 | |
| 1963 | 17.2 | 59.0 | 102 | 43.0 | 1 372.5 | | 17.2 | |
| 1964 | 15.7 | 62.3 | 110 | 47.7 | 1 337.0 | | 15.7 | |
| 1965 | 15.6 | 63.5 | 108 | 44.5 | 1 383.9 | | 15.6 | |
| 1966 | 20.8 | 76.9 | 126 | 49.1 | 1 341.0 | | 20.8 | |
| 1967 | 21.0 | 76.1 | 135 | 58.9 | 1 338.2 | | 21.0 | |
| 1968 | 11.4 | 47.4 | 74.3 | 26.9 | 1 195.3 | | 11.4 | |
| 1969 | 26.5 | 105 | 189 | 84.0 | 1 577.6 | | 26.5 | |
| 1970 | | 98.6（坝下） | 178 | 79.4 | 1 584.0 | | (25.5) | 由平垣站水位插补 |
| 1971 | | 66.5（坝下） | 124 | 57.5 | 1 385.0 | | (26.7) | 由平垣站水位插补 |
| 1972 | | 50.9（坝下） | 103 | 52.1 | 1 479.0 | | (25.1) | 由平垣站水位插补 |

注：括号内数值为插补值。

（1）由平垣站的水位—流量关系插补。从 1970 年起平垣水文站改为水位站，只观测水位。根据 1970 年以前的实测水位、流量资料，点绘各年的水位—流量关系曲线，基本上呈单一线且重合在一起，说明测站断面稳定，可以用1970年以后的逐日（或瞬时）水位资料查水位—流量关系曲线得逐日平均流量。然后求得各月平均流量和年平均流量。插补得平垣站1970~1972年的年、月平均流量。

（2）由陈村站的年、月平均流量与平垣站的年、月平均流量相关关系插补建立相关图（图略）。利用陈村站1952年和1956~1958年5月的年、月平均流量资料查相关图插补平垣站该时期的缺测资料。

（3）由西河镇站的年、月平均流量与平垣站的年、月平均流量相关关系插补建立西河镇站与平垣站的年、月平均流量相关图（图略），由西河镇站的年、月平均流量资料可插补出平垣站1951年、1952年及1956~1958年5月的年、月平均流量资料，限于篇幅，成果未列出。

（4）由区间平均流量（西河镇站平均流量减去陈村站平均流量）与平垣站平均流量相关关系插补。

（5）由平垣站以上流域平均年、月降雨量与平垣站年、月径流深相关关系建立的相关关系插补。

## 3.3 相关展延系列时必须注意的问题

### 3.3.1 平行观测项数的多寡问题

假如平行观测项数过少，或观测时期气候条件反常，或其中个别年份观测值特殊偏高，其相关结果将歪曲两变量间的关系。利用这种不能反映真实情况的相关关系来展延系列，势必带来系统误差。显然，平行观测项数愈多，则其相关关系愈可靠。因此，用相关法展延系列时，要求设计变量与参证变量平行观测项数不得过少，一般应在15~20项以上。

### 3.3.2 辗转相关问题

如果一条河流或不同的河流仅有一个测站的资料年限较长，上、下游几个站均需借助这一测站的资料进行插补延长，有时需用辗转相关。采用这种辗转插补延长的方法必须注意成果的精度。如图3-10所示，从长沙插补衡阳，衡阳插补祁阳，祁阳插补零陵，其各关系尚称密切。但若以长沙直接与零陵相关，则关系就不甚密切了，如图3-10上第四象限所示。实际上，由长沙辗转插补零陵，是将两个系列值的差异分散在各个中间关系中，表面上似乎第一、二、三象限的相关点据都很密切，但长沙和零陵的直接关系并不算好，零陵插补成果的精度是较差的。辗转相关常隐匿了实际上积累的巨大误差，给人以虚假现象，最终成为假相关。因此，最好不用辗转相关展延系列。若必须用，应十分慎重，对于展延的成果应作合理性的分析，以凭取舍。

### 3.3.3 假相关问题

为了说明假相关的概念，先看图3-11~图3-13。图3-11显示，变量$x$和$y$之间的相关在每一组中都是非常微弱的（接近于零），但是将两组资料组合在一起，相关系数却变得很高。这是一种假相关。图3-12显示，变量$x$和$y$无相关存在，但该两变量除以第三变量$z$后，则$x/z$和$y/z$便显示出某种关系，如图3-13所示，该图似乎表示，在估计$y$时，$x$能提供一定的信息，而事实上两者是无关系的，所以图3-13所显示的关系也是一种假相关。在建立相关关系时，当应用无因次量、标准化量或含有相同变量时，最容易出现这样一种假相关。例如，用径流模数与流域面积相关就会造成假相关。因此，为了避免假相关,应直接在原始变量之间寻求关系。

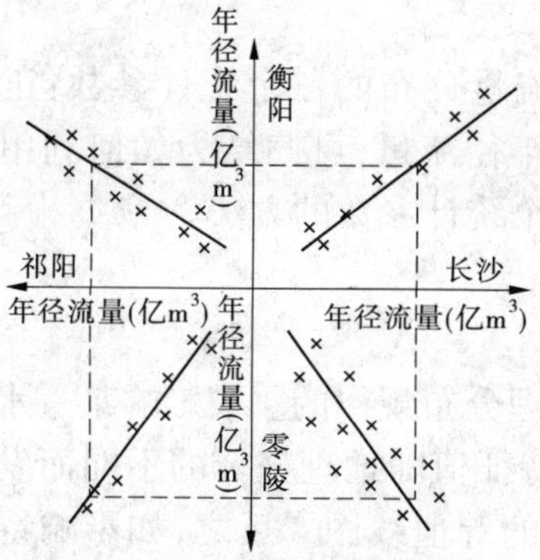


图 3-10 年径流量和轴相关图

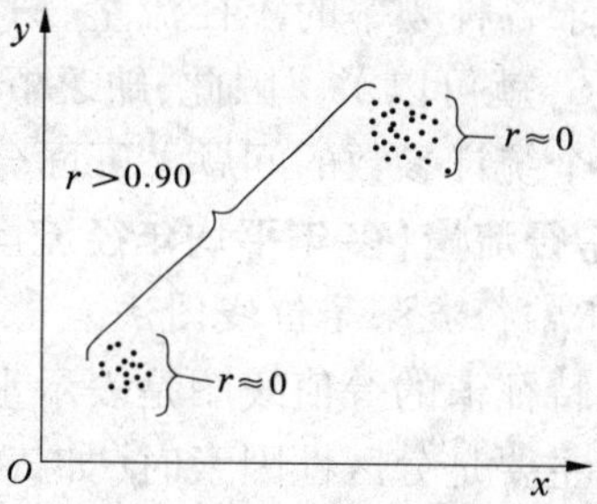


图 3-11 资料成群形成的假相关

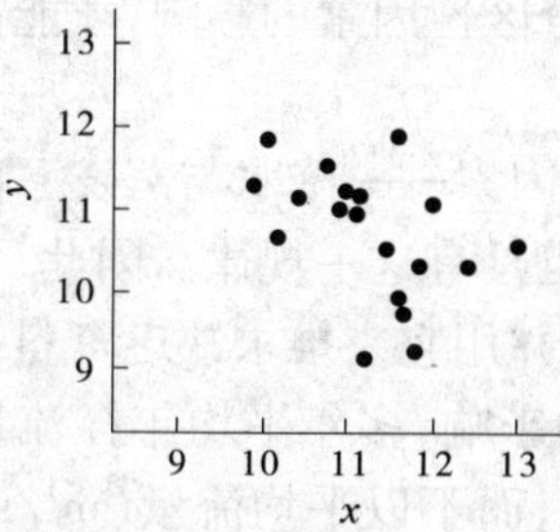


图 3-12 两变量无关系存在

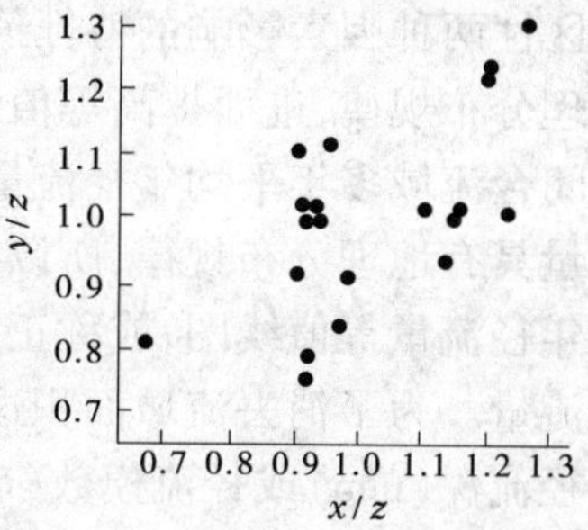


图 3-13 引入第三变量后形成的假相关

### 3.3.4 外延幅度问题

一般而言,利用实测资料建立的相关关系,只能反映在实测资料范围内的定量关系。若超出该范围插补展延资料,其误差将随外延幅度的加大而加大。因此,在实际应用相关线时,外延一般不宜超出实测资料范围以外太远。例如,对于年径流量不宜展延超过50%。

### 3.3.5 插补的项数问题

相关线反映的是平均情况下的定量关系。由相关线而得的插补值是最可能值,是平均值。而实际值则可大可小。对于展延后的系列,变化幅度将较实际情况小。这使整个系列计算的变差系数偏小,最终影响成果的精度。因此,插补的项数以不超过实测值的项数为宜,最好不超过后者的1/2。

## 任务3 无实测资料时设计年径流的计算

在规划设计面广量大的中小型农田水利工程时,经常遇到小河流上缺乏实测径流资料的情况,或者虽有短期实测径流资料,但无法展延。在这种情况下,设计年径流量及年内分配只有通过间接途径来推求,主要依据水文特征值的地区分布规律。但在具体计算时,二者有一定的差别。现分别加以叙述。

# 1 设计年径流量的计算

要推求各种频率的年径流量，只要估算出年径流量分布的三个统计参数：正常径流量、$C_v$ 和 $C_s$ 就可以了。因此，缺乏资料时推求设计年径流量，可归结为如何利用各种方法估算三个统计参数的问题。下面分别叙述估算三个统计参数的方法。

## 1.1 正常径流量（多年平均年径流量）的估算

### 1.1.1 正常径流深等值线图法

水文特征值的等值线图是表示水文特征值的地理分布规律的。当影响某一水文特征值的因素主要是分区性因素时（如气候因素），则该特征值随地理坐标的不同而发生连续均匀的变化。利用这种特性就可以在地图上作出它的等值线图。反之，如影响特征值的主要是非分区性因素（如下垫面因素——流域面积、河床下切深度、湖泊、沼泽等），则特征值就不随地理坐标而发生连续变化，自然就无法作出等值线图了。对于同时受到非分区性和分区性两种因素影响的特征值，应当设法消除非分区性因素的影响，才能得出该特征值的地理分布规律，进而提高等值线图的精度。

影响闭合流域多年平均年径流量的主要因素是气候因素——降水与蒸发。由于降水量和蒸发量具有地理分布规律，所以多年平均年径流量也具有这一规律。因此，可以绘制多年平均年径流量等值线图，或称正常径流量等值线图，并用它来推求缺乏资料地区多年平均年径流量。为了消去流域面积这一非分区性因素的影响，多年平均年径流量等值线图总是以径流深（mm）或径流模数（$m^3/(s\cdot km^2)$）表示，而不以平均流量（$m^3/s$）或径流总量（$m^3$）表示。

绘制水文特征值（例如降水量、蒸发量等）的等值线图时，把各观测点的特征值在地图上标记出来，然后把相同数值的各点连成等值线，即构成该特征值的等值线图。

对于径流量来说，情况就不同了。任一测流断面的径流量（以深度或模数计）是由断面以上流域面积上各点的径流汇集而成的。它不是测流断面处的数值，而是流域的平均值。所以，在绘制多年平均年径流量等值线图时，不能将它点绘在测流断面处，而应该点绘在多年平均年径流量最接近于流域平均值的那一点。显然，这一点的位置与流域内多年平均年径流量的分布情况有关。当多年平均年径流量在流域上缓和变化，例如大致呈线性变化时，则流域面积形心处的数值与流域平均值常十分接近。在实际工作中，一般将多年平均年径流量值点绘在流域面积形心处。但在山区，径流量有随地理高程增加而增加的趋势，所以将多年平均年径流量值点绘在流域平均高程处更为恰当。

按照上述原则，将各中等流域的多年平均年径流量（以深度或模数计）标记在各该流域的形心或平均高程处，并考虑各种自然地理因素（特别是气候、地形）的特点，勾绘等值线，然后用大流域站的资料加以校核调整，并和多年平均降雨量等值线图对照，消除不合理现象，构成适当比例的图形，以便应用。

用等值线图推求无资料流域的多年平均年径流量时，须先在图上圈出设计断面以上的流域范围，然后定出流域面积的形心。若流域面积较小，且等值线分布均匀，通过形心处的等值线数值即可作为流域的多年平均年径流量。若无等值线通过形心，则以线性内插求得。如流域面积较大，或等值线的分布不均匀，则采用以各等值线间部分面积为权重的加权平均法来计算流域的多年平均年径流量。

对于中等流域,多年平均年径流等值线图有很大的实用意义,它的精度一般也较高。

对于小流域,等值线图的误差可能很大,实际应用时,要加以修正。因为小流域一般属于非闭合流域,在影响流域多年平均年径流量的因素中,除气候因素(分区性因素)外,下垫面因素(如土壤特性、河槽下切深度、地下水埋藏深度等非分区性因素)常使多年平均年径流量随地区的变化变得极为复杂。各种变化在以中等流域(一般为闭合流域)资料为准而绘制的等值线图上是无法反映的。因此,对不能全部截获地下水的小流域,直接使用等值线图来推求多年平均年径流量时,一般将得到偏大的数值。但对湿润不足地区(干旱草原和沙漠),一般将得到偏小的数值。这是因为流域及河槽表面的蒸发和损失减少的缘故。因此,取自等值线图的径流值用于小河时,需根据具体情况适当加以修正,以使其反映实际的水文特性。

### 1.1.2 水文比拟法

所谓水文比拟法,就是将参证流域的某一水文特征量移用到设计流域来的一种方法。这种移用是基于设计流域影响径流的各项因素与参证流域的各项因素极为相似。很明显,采用水文比拟法时,最关键的问题在于选择恰当的参证流域。参证流域应具有长期观测资料,其主要影响因素应与设计流域接近。所谓主要影响因素,对不同的水文特征量有所差异,就多年平均年径流量而言,其主要影响因素对较大流域应该是气候条件;对于小地区是地面高程和坡面方位;对于干旱地区是河床的水文地质条件、土壤性质和河床下切深度等。在特殊地区,要注意特殊自然地理条件的影响。

#### 1.1.2.1 直接移置法

最简单的情况是直接把参证流域该干旱年的实测年、月径流深移置到设计流域上来作为该年的来水过程。直接移置的条件是:①两个流域的年降雨量要基本相等;②两个流域的自然地理情况要基本相近;③两个流域的面积不能相差过大。

可以直接把参证流域的多年平均年径流深 $Y_{参}$ 移用过来,作为设计流域的多年平均年径流深 $Y_{设}$,即

$$Y_{参} = Y_{设} \tag{3-16}$$

#### 1.1.2.2 修正系数法

当设计流域与参证流域的自然地理情况相近,但降雨情况有较大差别时,就不能直接移置径流深,而需用修正系数法,即将参证流域的多年平均流量 $Q_{参}$ 修正后再移用过来,有

$$Q_{设} = K_R Q_{参} \tag{3-17}$$

式中 $K_R$——考虑不同因素影响时的修正系数。

(1)如果只考虑面积不同的影响,则

$$K_R = \frac{F_{设}}{F_{参}} \tag{3-18}$$

式中 $F_{设}$、$F_{参}$——设计流域与参证流域的面积,$km^2$。

(2)如果考虑设计流域与参证流域上的多年平均降雨量的不同,但径流系数接近时,其修正系数为

$$K_R = \frac{H_{设}}{H_{参}} \tag{3-19}$$

式中 $H_{设}$、$H_{参}$——设计流域及参证流域的多年平均年降雨量，mm，其值可以从水文手册中查得。

**【例 3-6】** 浙江定海文河水库控制面积为 13.4 $km^2$，坝址处无实测径流资料，求 2004 年（干旱年）的年、月径流深。

**解**：(1) 选择参证流域。距定海最近的李庄水文站具有 14 年实测径流资料，且气候条件相似，流域面积为 40.6 $km^2$，流域植被、土壤等因素也相近，同属于植被良好、土壤不厚的山区小流域，流域调蓄性能不致相差太远，年内分配可以认为是相似的，故选为参证流域。李庄站 2004 年降雨径流资料见表 3-7。

(2) 用水文比拟法求文河水库 2004 年的年、月径流深。

①修正系数法。成果见表 3-7 中第（4）栏。

②移置李庄站年降雨径流相关图。李庄站年降雨径流相关关系，用文河水库年降水量 1 010.0 mm 查相关图得文河水库年径流深 425 mm。月径流深仍按李庄站月径流量分配比推求，成果见表 3-7 中第（5）栏。

③采用第（5）栏成果作为文河水库的实际干旱代表年的年、月径流深。

**表 3-7 文河水库 2004 干旱年年、月径流深计算表** （单位：mm）

| 时间 | 李庄站 | | 文河水库径流深 | |
|---|---|---|---|---|
| | 流域平均降水量 | 径流深 | 修正系数法 | 年降雨径流相关图法 |
| (1) | (2) | (3) | (4) | (5) |
| 2004 年 1 月 | 113.5 | 81.4 | 62.5 | 56.7 |
| 2 月 | 121.2 | 55.8 | 43.0 | 39.0 |
| 3 月 | 53.3 | 99.0 | 76.2 | 69.2 |
| 4 月 | 133.9 | 52.9 | 40.7 | 37.0 |
| 5 月 | 158.8 | 96.5 | 74.3 | 67.4 |
| 6 月 | 108.8 | 43.5 | 33.5 | 30.4 |
| 7 月 | 111.3 | 9.8 | 7.7 | 6.8 |
| 8 月 | 104.8 | 13.9 | 10.7 | 9.7 |
| 9 月 | 107.3 | 5.1 | 3.9 | 3.6 |
| 10 月 | 244.3 | 127.0 | 97.8 | 88.5 |
| 11 月 | 14.1 | 15.3 | 11.7 | 10.7 |
| 12 月 | 41.6 | 8.1 | 6.2 | 5.7 |
| 全年 | 1 312.9 | 607.9 | 468.2 | 425.0 |

## 1.2 年径流量变差系数的估算

当缺乏实测径流资料时，年径流量 $C_v$ 值的估算通常应用下列几种方法。

### 1.2.1 年径流量 $C_v$ 等值线图法

前面已经讲过,影响年径流量变化的因素主要是气候。在一定程度上,也可用等值线图来表示年径流量 $C_v$ 值在地区上的变化规律。因此,可以应用年径流量 $C_v$ 等值线图来估算无实测资料时流域年径流量 $C_v$ 值。年径流量 $C_v$ 等值线图的绘制方法和使用方法,都与多年平均年径流量等值线图相似。应该指出,$C_v$ 等值线图的精度一般较低,特别是用于小流域时,误差可能较大(一般偏小)。这是因为影响年径流量变化的因素除气候外,还有一些非分区性的自然地理因素,后者在小流域上更为突出。从图上查出 $C_v$ 值后,有时尚需修正。修正时可以考虑下述几方面的情况:

(1)山区的 $C_v$ 一般小于深丘区,更小于浅丘区。

(2)流域土地利用率高,$C_v$ 相应地大一些,反之 $C_v$ 相应地小一些。

(3)若流域多森林,一般植被良好,$C_v$ 小一些,反之则大一些。

(4)一般情况下,若流域面积大一些,$C_v$ 相应小一些,反之 $C_v$ 相应大一些。

### 1.2.2 水文比拟法

在缺乏实测径流资料时,也可设法直接移用邻近测站的年径流量 $C_v$ 值。移用参证流域的年径流量 $C_v$ 值时要求满足下列条件:

(1)两测站所控制的流域特征大致相似;

(2)两流域属于同一气候区。

如果考虑影响径流的因素有差异,可采用修正系数 $K$,则设计流域年径流深变差系数 $C_{vY设}$ 为

$$C_{vY设} = KC_{vY参} \tag{3-20}$$

$$K = \frac{C_{vY设}}{C_{vY参}} \tag{3-21}$$

式中 $C_{vY设}$、$C_{vY参}$——设计流域及参证流域年径流深的变差系数,可从水文手册中查得。

【例 3-7】 渠江支流明月潭站,流域面积为 650 $km^2$,年径流量 $C_v$ 为 0.40,而岷江支流白沙河杨柳坪站,流域面积为 460 $km^2$,其年径流量 $C_v$ 却为 0.14,两流域的 $C_v$ 值差别如此之大,就是流域特征和气候条件显著不同的缘故。因此,水文比拟法虽然简便,但必须仔细选择恰当的参证站,这在实际工作中务必注意。

### 1.3 年径流量偏态系数 $C_s$ 的估算

当缺乏实测径流资料时,年径流量 $C_s$ 值一般通过 $C_s$ 与 $C_v$ 的比值定出。根据水文比拟法可以将参证站 $C_s$ 与 $C_v$ 的比值直接移用或作适当的修正。在实际工作中,常采用 $C_s = 2C_v$。

## 2 设计径流年内分配的计算

求得上述三个统计参数后,根据指定的设计频率,查 P-Ⅲ型曲线模比系数 $K_P$ 值表确定 $K_P$,然后按公式 $Q_P = K_P\overline{Q}$,就可计算出设计年径流量 $Q_P$。

当设计流域缺乏实测径流资料时,广泛使用水文比拟法来推求设计年径流量的年内分配,即直接移用参证流域各种典型年的各月径流分配比乘以设计年径流量即得设计年

内分配。必须说明的是，在有些情况下，不直接移用参证流域的各月径流分配比，而是将参证流域典型年的径流资料用水文比拟法移到设计流域来。

为配合参数等值线图的应用，各省（区）水文手册、水文图集或水资源分析成果中，都按气候及地理条件划分了水文分区，并给出各分区的丰、平、枯各种年型的典型分配过程，可供无资料流域推求设计年径流年内分配查用。

**【例 3-8】** 求某水库（$F=284\ km^2$）坝址处的丰水年（设计频率 $P=10\%$）、中水年（$P=50\%$）、枯水年（$P=90\%$）三个典型年的设计年径流量及其年内分配。

**解：**(1)求设计年径流量。由多年平均年径流深及年径流量 $C_v$ 等值线图（见图 3-14）查得 $\bar{y}=1\ 360$ mm，换算得 $\overline{Q}=12.25\ m^3/s$，$C_v=0.26$，$C_s$ 采用 $2C_v$。由 P－Ⅲ型表查得各频率的设计年径流量如表 3-8 所示。

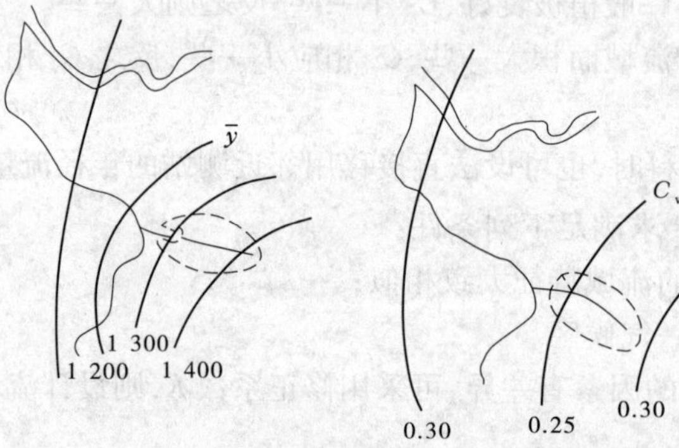


**图 3-14　多年平均年径流深 $\bar{y}$ 及年径流量 $C_v$ 等值线图**

**表 3-8　指定频率的设计年径流量计算**

| $P(\%)$ | 10 | 50 | 90 |
|---|---|---|---|
| $K_P$ | 1.34 | 0.977 | 0.685 |
| $Q_P(m^3/s)$ | 16.4 | 12.0 | 8.39 |

(2)求设计年内分配。根据水文手册上给出的本地区丰、平、枯三个典型年的年内分配百分比（见表 3-9），乘以设计年径流量（还要乘以年内的月数 12）即得设计年内分配。

**表 3-9　设计径流年内分配计算**　（单位：$m^3/s$）

| 类别 | 月份 | | | | | | | | | | | | |
|---|---|---|---|---|---|---|---|---|---|---|---|---|---|
| | 1 | 2 | 3 | 4 | 5 | 6 | 7 | 8 | 9 | 10 | 11 | 12 | 全年 |
| 丰水典型年分配(%) | 1.6 | 2.7 | 11.0 | 18.3 | 28.6 | 11.8 | 5.2 | 6.1 | 3.2 | 4.2 | 3.6 | 3.7 | 100 |
| $P=10\%$ 设计月径流 | 3.1 | 5.3 | 21.6 | 36.0 | 56.3 | 23.2 | 10.2 | 12.2 | 6.3 | 8.3 | 7.1 | 7.3 | 16.4×12 |
| 平水典型年分配(%) | 3.1 | 2.8 | 9.8 | 9.3 | 27.3 | 20.2 | 10.2 | 5.9 | 2.9 | 4.0 | 2.6 | 1.9 | 100 |
| $P=50\%$ 设计月径流 | 4.5 | 4.0 | 14.1 | 13.4 | 39.3 | 29.1 | 14.7 | 8.5 | 4.2 | 5.8 | 3.7 | 2.7 | 12.0×12 |
| 枯水典型年分配(%) | 1.0 | 3.3 | 10.5 | 13.2 | 13.7 | 36.6 | 7.3 | 5.9 | 2.1 | 3.5 | 1.7 | 1.2 | 100 |
| $P=90\%$ 设计月径流 | 1.0 | 3.3 | 10.6 | 13.3 | 13.8 | 36.8 | 7.3 | 5.9 | 2.1 | 3.5 | 1.7 | 1.2 | 8.39×12 |

# 思考题与练习题

3-1 何谓年径流？它的表示方法和度量单位是什么？

3-2 某流域下游有一个较大的湖泊与河流连通，后经人工围垦湖面缩小很多。试定性分析围垦措施对正常年径流量、径流年际变化和年内变化有何影响。

3-3 人类活动对年径流有哪些方面的影响？如何影响年径流及其变化？

3-4 日历年度、水文年度、水利年度的含义各是什么？

3-5 简述径流年内、年际变化的主要特征。

3-6 水文资料的“三性”审查指的是什么？如何审查资料的代表性？

3-7 如何分析判断年径流系列代表性的好坏？怎样提高系列的代表性？

3-8 缺乏实测径流资料时，怎样推求设计年径流量？

3-9 水文比拟法的实质怎样？在推求设计年径流量时如何运用这一方法？

3-10 推求设计年径流量的年内分配时，应遵循什么原则选择典型年？

3-11 某站年径流系列符合 P－Ⅲ型分布，其中 $\overline{R}=650$ mm，$\sigma=162.55$ mm，$C_s=2C_v$，试计算设计保证率 $P=90\%$ 时的设计年径流量。

3-12 某水库设计保证率 $P=80\%$，设计年径流量 $Q_P=8.76$ m$^3$/s，从坝址 18 年径流资料中选取接近设计年径流量，且分配较为不利的 1953～1954 年作为设计代表年（典型年），其分配过程列于表 3-10，试求设计年径流量的年内分配。

表 3-10 某水库 1953～1954 年（典型年）年径流过程

| 年份 | 1953 | | | | | | | | 1954 | | | | 年平均 |
|---|---|---|---|---|---|---|---|---|---|---|---|---|---|
| 月份 | 5 | 6 | 7 | 8 | 9 | 10 | 11 | 12 | 1 | 2 | 3 | 4 | |
| $Q$(m$^3$/s) | 6.00 | 5.28 | 32.9 | 26.3 | 5.84 | 3.55 | 4.45 | 3.27 | 3.75 | 4.72 | 5.45 | 4.18 | 8.81 |

3-13 山西某河某站有 49 年实测降水资料，见表 3-11。试求 10 年一遇枯水年和 10 年一遇丰水年的年降水量各为多少？

表 3-11 山西某河某站实测降水资料

| 年份 | 年降水量(mm) | 年份 | 年降水量(mm) | 年份 | 年降水量(mm) | 年份 | 年降水量(mm) | 年份 | 年降水量(mm) |
|---|---|---|---|---|---|---|---|---|---|
| 1956 | 795.0 | 1966 | 524.7 | 1976 | 540.2 | 1986 | 390.8 | 1996 | 497.3 |
| 1957 | 445.0 | 1967 | 549.3 | 1977 | 575.2 | 1987 | 548.5 | 1997 | 387.5 |
| 1958 | 567.1 | 1968 | 452.7 | 1978 | 588.7 | 1988 | 648.3 | 1998 | 448.5 |
| 1959 | 758.7 | 1969 | 491.4 | 1979 | 516.3 | 1989 | 402.8 | 1999 | 325.6 |
| 1960 | 466.5 | 1970 | 395.5 | 1980 | 460.4 | 1990 | 514.0 | 2000 | 439.3 |

续表 3-11

| 年份 | 年降水量（mm） | 年份 | 年降水量（mm） | 年份 | 年降水量（mm） | 年份 | 年降水量（mm） | 年份 | 年降水量（mm） |
|---|---|---|---|---|---|---|---|---|---|
| 1961 | 535.5 | 1971 | 399.9 | 1981 | 402.3 | 1991 | 433.9 | 2001 | 289.1 |
| 1962 | 404.2 | 1972 | 330.7 | 1982 | 513.9 | 1992 | 453.2 | 2002 | 463.1 |
| 1963 | 514.3 | 1973 | 714.9 | 1983 | 498.4 | 1993 | 340.4 | 2003 | 421.9 |
| 1964 | 672.8 | 1974 | 347.0 | 1984 | 268.1 | 1994 | 512.9 | 2004 | 474.2 |
| 1965 | 252.0 | 1975 | 327.5 | 1985 | 427.6 | 1995 | 538.4 | | |

**3-14** 设某站只有1998年一年的实测径流资料，其年平均流量$\overline{Q}=128\ m^3/s$。而邻近参证站（各种条件和该站都很类似）则有长期径流资料，并知其$C_v=0.30$，$C_s=2C_v$，它的1998年的年径流量在频率曲线上所对应的频率恰为$P=90\%$。试按水文比拟法估算该站的多年平均流量$\overline{Q}$。

# 项目4 设计洪水的计算

设计洪水计算的目的是通过对暴雨、洪水等资料的分析,寻求它们的规律,从而对未来长期内的洪水情势作出切实可靠的预估,推求在设计地点将来可能出现的符合设计标准的洪水,为水利水电工程、水土保持以及其他如铁路、公路、桥涵、港口、城市等防洪措施的规划设计提供必要的水文依据。

## 任务1 了解洪水与设计洪水

为了解决一个地区或流域的防洪问题,需要作全流域的防洪规划,包括选定各种工程或非工程防洪措施的布设方案以及设计每项防洪工程的规模和尺寸,为此,在规划设计和运用管理这些设施时就会遇到一些水文问题,如流域有关断面将来可能会出现多大的洪水?可能的洪水遭遇组合情况怎样?洪泛区内不同高程地段受淹的风险是多少?等等。要解决这些问题,就要分析当地的洪水特性,对流域有关断面的洪水情况进行预估。

### 1 洪水与洪水灾害

洪水是指江河水量迅猛增加及水位急剧上涨的自然现象。洪水的形成往往受气候、下垫面等自然因素与人类活动因素的影响。洪水可分为暴雨洪水、融雪洪水、冰凌洪水、雨雪混合洪水、溃坝洪水等。

#### 1.1 洪水特点

我国河流的主要洪水大都是暴雨洪水,多发生在夏、秋季节,南方一些地区春季也可能发生。以地区划分,我国中东部地区以暴雨洪水为主,西北部地区多融雪洪水和雨雪混合洪水。暴雨是指在短时间内降很大的雨。一般根据24 h降雨量的大小划分为暴雨(降雨量为50~100 mm)、大暴雨(降雨量为100~200 mm)、特大暴雨(降雨量在200 mm以上)。我国的暴雨洪水有以下特点。

##### 1.1.1 季节性明显,时空分布不均匀

随着副热带高压的北移、南撤过程,夏季我国雨带也南北移动,出现明显的季节性特点。一般年份,4月至6月上旬,雨带主要分布在华南地区。6月中旬至7月上旬,是长江、淮河和太湖流域的梅雨期。7月中旬至8月,雨带从江淮北部移到华北和东北地区。9月,副热带高压南撤,雨带也随即相应南撤,部分年份也会造成洪水,如汉江等地的秋汛。我国大部分地区降雨季节性明显。当台风登陆我国和深入内陆时,高强度的狂风暴雨也可形成暴雨洪水。据统计,4~10月全国大部分地区降雨量占全年平均降雨量的70%以上,6~8月降雨量可占全年平均降雨量的50%左右。所以说,我国暴雨洪水多发生在春、夏、秋季节。

1.1.2　洪水峰高量大,干支流易发生遭遇性洪水

我国地形的特点是东南低、西北高,有利于东南暖湿气流与西北冷空气的交绥,地面坡度大,植被条件差,造成汇流快、洪水量级大。与世界其他国家相比,相同流域面积的河流,我国暴雨洪水的洪峰流量量级接近最大记录。我国几条主要河流面积较大,干支流洪水经常遭遇,区间来水多,洪峰叠加,易形成峰高量大的暴雨洪水。

1.1.3　洪水年际变化大

我国七大流域洪水年际变化很大,各年洪峰流量相差甚远,北方比南方更明显。如长江以南地区大水年的洪峰流量一般为小水年的2~3倍,而海河流域大水年和小水年的洪峰流量比可相差几十倍甚至上百倍。

1.1.4　大洪水的阶段性和重复性

根据大量的洪水调查研究资料,得出我国主要河流大洪水在时空上具有阶段性和重复性的特点。从时间上讲,一个流域出现大洪水的时序分布虽然是不均匀的,但从较长时间观察看,在许多河流上,一个时期大洪水发生的频率较高,而另一时期频率较低,频发期和低发期呈阶段性的交替变化。另外,在高频期内大洪水往往连年出现,有连续性。从空间上讲,我国暴雨洪水的发生与当地的天气和地形条件有密切关系,凡是近期出现大洪水的流域和区域,历史上也都发生过类似的大洪水,重复出现暴雨洪水的现象普遍存在。如1998年的长江大洪水类似于1954年的长江大洪水。

## 1.2　洪水灾害

据国际灾害数据库EM-DAT的统计显示,在1974~2003年间,全世界发生的2 156场洪水灾害导致的死亡人数达206 303人,由洪水造成的经济损失约占同期所有自然灾害的1/3。近15年来,中国年均洪涝灾害损失约占同期全国GDP的1%,发生流域性大洪水的年份,洪涝灾害损失占同期全国GDP的比例高达2%~3%;我国大江大河综合防洪体系还比较薄弱,尤其蓄滞洪区建设严重滞后,多数大江大河重要支流和中小河流尚未进行系统治理,主要易涝地区排涝能力严重不足,对山洪灾害缺乏有效的监测和防御措施;汛期山区中小河流、沿海风暴潮地区人员伤亡多,江河中下游尤其是蓄滞洪区和低洼涝区财产损失严重。山洪泥石流灾害造成的损失也十分严重,如2010年8月8日凌晨,特大山洪泥石流袭击甘肃舟曲,造成1 765人死亡、失踪。近年来,在党中央、国务院的高度重视下,我国的防洪减灾工作取得了巨大成就,全国因洪涝灾害死亡人数已经从20世纪50年代的年均8 900多人下降到2001年以来的1 700多人。即使这样,频频发生的洪涝灾害造成的巨大危害依然向我们敲响警钟。当前我国防洪的基本思路主要有以下几点:

(1)坚持党的基本路线,贯彻2011年中央一号文件《中共中央国务院关于加快水利改革发展的决定》的建设目标,为国民经济和社会发展提供防洪安全保障,使国民经济持续、稳定、协调、健康发展,为实现国民经济战略目标创造稳定的建设环境。

(2)要保证重点,照顾全面。我国有1/3的耕地、2/5的人口、3/5的工农业总产值及大量的城市集中在洪水威胁区,防洪任务是长期而艰巨的。大江大河中下游广大平原和湖区是我国经济发达地区,是我国江河防洪的重点。大中城市是国家和地方政治、经济、文化的中心,人口密集,固定资产集中,应加速城市防洪建设。在抓住防洪重点的同时,照

顾全面。对5万多条中小河流的治理和山洪、泥石流等山地灾害的预防,以及平原地区的排涝和沿海地区台风暴潮灾害,也应给予足够重视。

(3)巩固完善现有防洪工程,在此基础上继续贯彻"蓄泄兼筹"和"洪涝兼治"的方针,重点建设一批控制性水利枢纽工程。目前,重点加高加固江河湖海堤防,加大病险工程除险加固力度,巩固完善蓄滞洪区安全建设,增强排涝能力,以形成七大江河较完整的防洪体系,有重点地提高防洪排涝标准。

(4)全面贯彻防洪工程措施与非工程措施相结合的方针,采取各种综合措施。要以现有的和新建的防洪工程为基础,同时加强对蓄滞洪区和洪水威胁区的管理、水域管理和工程运行管理,积极推行和试行防洪基金及洪水保险,完善洪水预报警报系统等,建立起完善的防洪体系,重视防汛指挥系统及水文基础设施的建设。防洪工程措施与非工程措施间是相辅相成的,只有把二者很好地结合起来,才能获得较好的效益。

## 2 洪水过程

当流域上发生暴雨或融雪时,在流域各处所形成的地面径流,都依其远近先后汇入河流。当近处的地面径流汇入时,河水流量开始增加,水位相应上涨,这就是洪水起涨之时。随着远处的地表径流陆续流到河水流量和水位继续上涨,及至大部分高强度的地表径流汇入时,河水流量增至最大值,称为洪峰流量,其相应的最高水位,称为洪峰水位。此后,洪峰流量和水位逐渐下降,到暴雨停止后的一段时间,河水流量及水位即回落。如在方格纸上以时间为横坐标,以江河的水位或流量为纵坐标,可以绘出从起涨到峰顶到落尽的整个过程曲线,称为洪水过程线。由于洪水的整个过程两头低、中间高,形似山峰,故称洪峰。

洪水涨落过程因洪水成因不同而异。暴雨型洪水过程线依流域面积大小不同其形状各异。小河的面积小、河槽汇流快、河网的调蓄能力低,因此洪水多为陡涨陡落型。而大河的流域面积大,不同场次的暴雨在不同支流形成的多次洪峰先后汇集到大河时,各支流的洪水过程往往相互叠加,又由于河网、湖泊、水库的调蓄,洪峰的次数减少,而历时则加长,涨落较为平缓。

定量描述洪水的指标有洪峰流量、洪峰水位、洪水过程线、洪水总量(洪量)、洪水频率(或重现期)等。洪峰流量是指洪水通过河川某断面的瞬时最大流量值,以立方米每秒($m^3/s$)为单位;洪峰流量相应的最高水位,称为洪峰水位,以米(m)为单位。一次洪水过程通过河川某断面的流量总和(水量),称为该次洪水的洪量;水文上也常以一次洪水过程中,通过一定时段的水量最大值来比较洪水的大小,如最大3 d、7 d、15 d、30 d、60 d等不同时段的洪量。

## 3 设计标准与设计洪水

### 3.1 设计标准

在工程设计中,由国家制定统一规范(标准),按工程的种类和重要性,将水工建筑物划分为若干等级,根据不同的级别定出水工建筑物的设计标准。规范中,设计永久性水工建筑物所采用的洪水标准分为正常运用(设计)和非常运用(校核)两种情况。

正常运用是指水工建筑物遇到设计标准洪水时,该建筑物处于正常工作状态。这种设计洪水是决定水工建筑物尺寸的依据之一。

非常运用是指水工建筑物遇到超过正常运用洪水标准而达到非常运用标准洪水(校核洪水)时的情况,此时主要建筑物仍然要确保安全,但工程允许在非常情况下运用,如允许增高库水位,水电站及电力系统的正常工作允许暂时破坏。

关于防护对象的设计标准,应根据防护对象重要性、历次洪灾情况及对政治、经济的影响,结合防护对象和防洪工程的具体条件并征求有关方面意见后制定。

防洪设计标准指防洪工程抗御洪水能力的规定限度。防洪水工建筑物设计时,选用过大的洪水作为设计依据,虽然安全,但不经济;若选择的洪水偏小,投资虽然减少,但不安全或达不到预期的防洪要求。因此,需权衡安全和经济两个方面,为工程的防洪能力规定一个恰当的限度,即防洪设计标准。符合此标准的洪水即为设计洪水。防洪设计标准一般用洪水出现的概率或重现期表示。个别工程和有些地区的防洪规划,也有以防御某次大洪水作为防洪设计标准的。当洪水超过正常运用设计标准时,工程的正常运用将遭到破坏;当洪水超过非常运用设计标准时,工程的安全将受到威胁。不同规模和不同重要性的工程分别采用不同的防洪设计标准。

关于设计临时性水工建筑物所采用的洪水标准和坝体施工期间临时度汛的洪水标准亦有文件规定。当然这些标准与永久性建筑物标准是不一致的。

### 3.2 设计洪水

设计洪水是为设计防洪等工程而拟定的、符合指定防洪设计标准的、当地可能出现的洪水。即防洪规划和防洪工程预计设防的最大洪水。设计洪水的内容包括设计洪峰、不同时段的设计洪量、设计洪水过程线、设计洪水的地区组成和分期设计洪水等。可根据工程特点和设计要求计算其全部或部分内容。

## 4 设计洪水计算的内容和途径

### 4.1 设计洪水计算的内容

设计洪水的内容一般包括设计洪峰流量、不同时段的设计洪量和设计洪水过程线3项。但对于具体的工程,因其特点和设计要求不同,设计计算的内容和重点也就不同。

无调蓄能力的堤防、桥涵、灌溉渠道等,因对工程起控制作用的是洪峰流量,所以只要计算设计洪峰流量;蓄洪区主要计算设计洪水总量;水库工程洪水的峰、量、过程对它都有影响,因此不仅需要计算设计洪峰及不同时段的设计洪量,而且需计算出设计洪水过程线。施工设计还要求计算分期(季或月)的设计洪水。对大型水库,有时还需推求入库洪水等。

### 4.2 设计洪水计算的途径

根据不同资料条件和设计要求,设计洪水的计算途径可大致分为以下几种类型。

#### 4.2.1 由流量资料推求设计洪水

这种方法与由径流资料推求设计年径流量及其年内分配大体相似。先对洪峰流量及各种历时的洪水总量进行频率分析,求出符合设计频率的洪水特征值。然后,选定一条实测洪水过程线作为洪量在时程上分布的典型,认为这样求出的设计洪水过程线符合设计频率的要求。再用此洪水过程线按照预定的调洪规程进行调洪计算,得出的调洪库容的频率与设计频率是相同的。这样就把求调洪库容的频率曲线问题转化为求若干个洪水特征值的频率曲线问题了。一般较易为洪水过程线的特征值选配一条理论频率曲线,并且可以通过历史洪水调查的途径,把洪水特征值的系列间接展延到较长的年代,从而减小频率曲线外延的误差。

#### 4.2.2 由暴雨资料推求设计洪水

由于流量资料系列太短,或无实测流量资料时不能直接按流量资料进行设计时可由暴雨资料通过频率计算先求出设计暴雨,即求出符合设计频率的暴雨过程,再经过产流计算推求设计净雨过程,然后经汇流计算推求出设计洪水过程线。

此外,还可根据水文气象资料,用成因分析的方法推求出可能最大暴雨,然后,经产汇流计算得出可能最大洪水。

#### 4.2.3 利用简化公式或地区等值线图估算设计洪水

对于缺乏实测资料地区,通常只能利用暴雨等值线图和一些简化公式等间接方法估算设计洪水。有关这类图、公式或一些经验数据,在各省(区、市)编印的暴雨洪水图集(或称暴雨洪水查算手册)中均有刊载,可供中小流域无资料地区查用。我国计算小流域洪水的途径和方法可归纳为两种:经验公式与推理公式。经验公式是通过对小流域实测雨洪资料的分析,建立洪峰流量与其主要影响因素之间的经验关系,然后,选配适当的数学公式,并确定有关经验参数以备本地区无资料的小流域查用。推理公式是从洪水成因出发建立起来的,但公式中有关参数是以地区实测雨洪资料为依据分析定量的。

#### 4.2.4 利用水文随机模拟法推求设计洪水

用前述几种方法求设计洪水虽然容易操作,但存在着许多假设(如各区洪水同频率、不同时段流量同频率等),与实际情况不太相符,因而造成误差。随机模拟法是利用实测资料建立数学模型,然后模拟出大量的洪水序列,模拟序列的统计参数与实测序列的统计参数一致。

## 任务2 由流量资料推求设计洪水

当设计流域具有一定数量的实测洪水资料时,可直接由流量资料通过频率计算推求设计洪水。表述洪水流量的特征值有洪峰流量和各种时段的洪水总量。洪水资料的选择原则是应满足频率计算关于独立随机选择的要求,并符合安全标准。

### 1 洪水选样

洪水频率计算的选样方法与年径流不同,任何一个断面,每年通过的径流量只有一个数值。而洪水却不然,每年在断面上出现很多次大大小小的洪水,各次洪水的洪峰流量、洪水总量、洪水过程线形状等各不相同,各年发生的洪水次数又各不相同,在进行频率计算时,应挑选那些洪水组成样本即所谓选样问题。

#### 1.1 洪峰流量的选样

按照年最大值法选择的原则,在每年中选出最大的一次洪峰流量作为年最大洪峰流量，如有几十年的实测资料，则一共可挑选出几十个最大洪峰流量组成样本。

### 1.2　洪量选样

#### 1.2.1　最大统计时段的确定

洪水历时是一项很重要的洪水要素，推求设计洪水必须明确设计洪水历时。设计洪水多为大洪水或特大洪水，对指定流域形成大暴雨的气候条件有一定的规律。统计各次大暴雨历时，应使各次大洪水的历时不致相差很大。从这点出发，选取能概括代表本流域大洪水历时的时段作为设计洪水历时，并称为最大统计时段或设计时段。

#### 1.2.2　洪量的统计与选样

选定最大统计时段以后，逐年统计计算最大时段的洪水总量组成样本。

当采用同频率放大法推求设计洪水过程线时，还要确定几个控制时段，分别统计各控制时段的年最大洪量。例如，最大统计时段为 5 d，除逐年统计最大 5 d 洪量外，还要统计出最大 1 d、3 d 的洪量等。

## 2　历史洪水调查与特大洪水处理

### 2.1　历史洪水调查

我国大部分测站是 1949 年后设立的，故很多测站很难将样本系列延长，用这样的样本代表总体，抽样误差很大。尤其在设计洪水计算时多用频率曲线的上部，故上部位置的正确与否显得格外重要。

历史洪水调查方法主要通过访问和踏勘进行考证，根据洪水痕迹高程和河道纵横断面的测量结果，用水力学谢才流量公式求出各次调查洪水的洪峰流量。

$$Q_m = FC\sqrt{Ri} \tag{4-1}$$

式中　$Q_m$——历史洪峰流量，$m^3/s$；

$F$——洪水沟床过水断面面积，$m^2$；

$C$——谢才系数，$C=\frac{1}{n}R^{1/6}$，$n$ 为洪水沟床糙率；

$R$——水力半径，m，$R=\frac{F}{\chi}$，$\chi$ 为湿周，m；

$i$——洪水沟床坡度。

设在 $n$ 年实测期以前的 $(N-n)$ 年中，调查得历史上曾经发生的 $a$ 个特大洪水可以连续排位。那么由 $a$ 个特大洪水和 $n$ 个实测中小洪水组成了一个特殊的样本，其最大重现期为 $N$，因为 $N>n$，故其抽样误差明显减小。特别是这些特大洪水能使频率曲线上部的位置较为准确，提高了设计成果的可靠性。在大型工程设计中，历史洪水调查与处理是必不可少的工作。

### 2.2　历史洪水的排位及最大重现期的确定

#### 2.2.1　连续样本和不连续样本

样本各项序号是连贯的，没有缺漏项，则此样本称为连续样本。样本各项的序号不连贯，其间有缺漏项，则称此样本为不连续样本。

实测中，小洪水组成样本一般是连续样本，而由几个特大洪水和中小洪水组成的样本往往是不连续样本。

2.2.2 排位和最大重现期的确定

设经过调查考证，共获得 $a$ 个特大洪水的洪峰流量，没有遗漏掉比它们更大的洪水，则首要项特大洪水的重现期，即样本的最大重现期为

$$N = \text{设计计算年份} - \text{调查考证期最远年份} + 1 \tag{4-2}$$

故可把它们看作是从总体中独立抽出的一个连续样本，其最大重现期为 $N$，容量为 $a$。

若因年代久远，在 $N$ 年中除调查到 $a$ 个特大洪水外，其间可能还有遗漏，即 $a$ 个特大洪水是不连续样本，则可根据调查考证情况分别将它们在不同的调查期内排位，即相当于拆成几个不同的连续样本。若某一项洪水可以同时在两个连续样本中排位，则取抽样误差较小者。

## 2.3 不连续样本的经验频率

设有 $a$ 个连续大洪水，最大重现期为 $N$，另有 $n$ 项实测中小洪水，共同组成了一个不连续样本，则 $a$ 个特大洪水的经验频率按下式计算

$$P_m = \frac{M}{N+1} \times 100\% \tag{4-3}$$

式中 $P_m$——特大洪水经验频率；

$M$——各项特大洪水序位，$M = 1, 2, \cdots, a$。

实测中小洪水经验频率按下式计算

$$P_m = \frac{m}{n+1} \times 100\% \tag{4-4}$$

如果在实测期中有 1 个大洪水可与 $a-1$ 个历年大洪水在 $N$ 年中统一排位，则实测 1 个特大洪水同时可获得 2 个经验频率；一般来说，采用式(4-3)计算结果为佳，抽样误差较小。

# 3 设计洪峰与设计洪量系列的频率计算

## 3.1 统计参数初估

有特大洪水参加的不连续样本，用矩法计算统计参数的公式与连续样本一样。假定在 $N$ 年中除 $a$ 个特大洪水外，其余各年的洪水都是中小洪水，即缺漏年份洪水的统计参数与 $n$ 年实测洪水的统计参数相同，则

$$\overline{Q} = \frac{1}{N}\left(\sum_{j=1}^{a} Q_j + \frac{N-a}{n-l}\sum_{i=l+1}^{n} Q_i\right) \tag{4-5}$$

式中 $\overline{Q}$——不连续样本洪峰流量的均值；

$Q_j$——特大洪水的洪峰流量，$j = 1, 2, \cdots, a$；

$Q_i$——实测洪水洪峰流量，$i = l+1, l+2, \cdots, n$；

$a$——特大洪水项数；

$l$——发生在实测系列中特大洪水的项数；

$N$——不连续样本的最大重现期；

$n$——实测洪水项数。

同理,可推得离差系数的计算公式为

$$C_v = \sqrt{\frac{1}{N+1}\left[\sum_{j=1}^{a}(K_j - 1)^2 + \frac{N-a}{n-l}\sum_{i=l+1}^{n}(K_i - 1)^2\right]} \tag{4-6}$$

式中　$K_j$——特大洪水洪峰流量的模比系数,$K_j = \frac{Q_j}{\bar{Q}}$;

$K_i$——中小实测洪水洪峰流量的模比系数,$K_i = \frac{Q_i}{\bar{Q}}$。

各时段洪量的统计参数可参照式(4-5)和式(4-6)计算。

### 3.2　频率分析成果的合理性检查

对洪峰流量及各种历时的洪量的频率计算成果,包括各项统计参数的采用值和各种频率的设计值,应进行合理性检查。检查时,一方面根据邻近地区河流的一般规律检查本站成果有无偏大偏小的情况,从而发现问题,必要时进行修正;另一方面也要注意本站与邻站可能存在一定差别,要注意分析。在自然地理条件比较一致的地区,一般来说,随着河流流域面积的增大,洪水峰量的多年平均值及某一频率的设计值都将有所增大,而 $C_v$ 值将减小。

表 4-1 中列出汉水安康至碾盘山各站 30 d 洪量的 $C_v$ 值。对于同一测站来说,亦可对洪峰与各种历史洪量的频率分析成果进行检查。某站各种时段洪量的 $C_v$ 及 $C_s/C_v$ 值见表 4-2。

表 4-1　汉水各站 30 d 洪量 $C_v$ 值

| 站名 | 控制面积($km^2$) | 30 d 洪量 $C_v$ |
|---|---|---|
| 安康 | 41 400 | 0.63 |
| 白河 | 59 100 | 0.59 |
| 郧县 | 74 900 | 0.57 |
| 丹江口 | 95 200 | 0.56 |
| 襄阳 | 103 300 | 0.55 |
| 碾盘山 | 142 300 | 0.53 |

表 4-2　某站各种时段洪量的 $C_v$ 及 $C_s/C_v$ 值

| 洪峰 | | 各时段洪量 | | | | 年径流量 |
|---|---|---|---|---|---|---|
| | | 5 d | 10 d | 20 d | 30 d | |
| $C_v$ | 0.43 | 0.39 | 0.39 | 0.36 | 0.35 | 0.27 |
| $C_s/C_v$ | 4 | 3.5 | 3 | 3 | 2.5 | 2 |

从表 4-2 所列某站各种统计对象的 $C_v$ 及 $C_s/C_v$ 的计算成果,可以推出洪峰的 $C_v$ 及 $C_s/C_v$ 值最大,而年径流的 $C_v$ 及 $C_s/C_v$ 值最小,其他各时段洪量的 $C_v$ 及 $C_s/C_v$ 值处于二者之间,并随时段的增长而减小。偏态系数 $C_s$ 根据地区统计资料,凭经验初步假定 $C_s/C_v$ 的比值,最后通过图解适线法确定。

## 4 设计洪水过程线的推求

设计洪水过程线是推算水库调洪库容所必需的资料。推求设计洪水过程线的基本方法是:在实测洪水资料中按照一定的原则,挑选出典型洪水过程线,再经过放大而求得。

### 4.1 典型洪水过程线的选择

通过对形成洪水的天气条件、过程线的形状特征(峰型、主峰的位置)以及洪水发生季节等的统计分析,初步确定一些符合流域一般特性的大洪水供挑选之用。典型洪水必须是峰高量大的实测洪水,其洪峰流量或洪量接近于设计值,它的形状对工程威胁大,如主峰靠后、洪量集中等。如难以挑选同时符合上述条件的洪水,可选几次洪水作典型,分别经放大后得到几条设计洪水过程线,最后经调洪演算再决定取舍。

### 4.2 典型洪水过程的放大

#### 4.2.1 同倍比放大法

将所选的典型洪水过程线各时刻的流量,按照同一个倍比进行放大而得到设计洪水过程线的方法,称为同倍比放大法。

##### 4.2.1.1 以洪峰控制的同倍比放大法

有些工程如桥梁、涵洞、排洪沟等,决定其断面尺寸的主要因素是洪峰流量,即所谓的以洪峰控制,其典型洪水的放大倍比值为

$$K_Q = Q_{mP}/Q_{m典} \tag{4-7}$$

式中 $K_Q$——以洪峰控制的同倍比放大倍比值;

$Q_{mP}$——设计洪峰流量;

$Q_{m典}$——典型洪水的洪峰流量。

##### 4.2.1.2 以洪量控制的同倍比放大法

有些具有径流调节作用的水利工程,其建筑物尺寸主要取决于一定时段的设计洪水总量,如水库的库容主要由设计洪量决定,即所谓的以洪量控制,其放大倍比值为

$$K_W = W_{TP}/W_{T典} \tag{4-8}$$

式中 $K_W$——以洪量控制的同倍比放大倍比值;

$W_{TP}$——$T$ 时段的设计洪量;

$W_{T典}$——$T$ 时段的典型洪水洪量。

求出放大倍比值后,用它乘以典型洪水各时刻的流量 $Q_{T典}$,即得各时刻的设计洪水流量 $Q_{TP}$

$$Q_{TP} = KQ_{T典} \tag{4-9}$$

同倍比放大法简单,放大出来的设计洪水过程线与典型洪水过程线的形状基本相似,但设计洪水过程线可能只有洪峰流量符合设计标准,或某一时段的洪量符合设计标准,而其余各时段的洪量和洪峰流量都不符合设计标准,不同的典型洪水所放大出来的设计洪水过程线,差别可能较大。

4.2.2 同频率放大法

按照几个不同的放大倍比值将典型洪水过程线放大,得到洪峰流量和各种时段洪量同时符合设计标准的设计洪水过程线的方法,称为同频率放大法。

4.2.2.1 放大倍比值推求

洪峰流量的放大倍比值为

$$K_Q = Q_{mP}/Q_{mD}$$

最大1 d洪量的放大倍比值为

$$K_{W1} = W_{1P}/W_{1D} \tag{4-10}$$

设计洪水过程线的最大3 d洪量一定要包括最大1 d洪量,故3 d中其余2 d洪量的放大倍比值为

$$K_{W3-1} = \frac{W_{3P} - W_{1P}}{W_{3D} - W_{1D}} \tag{4-11}$$

同理,最大7 d洪量中除去最大3 d洪量外,其余4 d洪量的放大倍比值为

$$K_{W7-3} = \frac{W_{7P} - W_{3P}}{W_{7D} - W_{3D}} \tag{4-12}$$

4.2.2.2 典型洪水过程线的放大

放大时按如下次序进行,首先按 $K_Q$ 放大典型洪水的洪峰流量,然后用 $K_{W1}$ 乘以典型洪水过程线最大1 d洪量范围内的各个流量值,再用 $K_{W3-1}$ 乘以最大3 d洪量范围内其余2 d的各个流量值,依次类推。总之,先放大核心部分,然后逐步放大长时段的流量。

4.2.2.3 过程线修匀

由于各时段的放大倍比值不同,处在时段交界处的流量可同时按两个放大倍比值放大,以致整个流量过程线呈不连续状态,必须加以人为的修匀,使它成为光滑的曲线。修匀的原则是修匀后各时段的洪量仍等于设计洪水总量,误差不超过1%。

需要说明的是,各种时段的洪量选样是按照独立的原则进行的,并不要求长时段一定要包含短时段。而在同频率放大法中,却一定要按长包短的原则进行,前者是为了使样本真正符合年最大的条件,使频率计算成果偏于安全,长包短放大法不仅简便,而且可使放大出来的过程线洪量集中,成果偏于安全。

**【例4-1】** 由频率计算得某站 $P=1\%$ 的设计洪峰流量为7 100 $m^3/s$,设计1 d洪量为30 340 万 $m^3$,设计3 d洪量为41 000 万 $m^3$,选定某年7月洪水作典型洪水过程,用同频率放大法推求设计洪水过程线(见表4-3)。

由典型洪水过程统计得出最大洪峰流量为5 950 $m^3/s$,最大1 d洪量为26 676 万 $m^3$,最大3 d洪量为32 994 万 $m^3$,故放大倍比分别为

$$K_Q = \frac{7\ 100}{5\ 950} = 1.19$$

$$K_{W1} = \frac{30\ 340}{26\ 676} = 1.14$$

$$K_{W3-1} = \frac{41\ 000 - 30\ 340}{32\ 994 - 26\ 676} = 1.69$$

表 4-3 某站某年 $P=1\%$ 设计洪水过程线计算过程

| 时间(月-日 T 时) | 典型流量 ($m^3/s$) | 放大倍比 | 放大流量 ($m^3/s$) | 修匀流量 ($m^3/s$) |
|---|---|---|---|---|
| 07-12T00 | 176 | 1.69 | 297 | 297 |
| 07-12T03 | 350 | 1.69 | 592 | 592 |
| 07-12T06 | 350 | 1.69 | 592 | 592 |
| 07-12T09 | 900 | 1.69/1.14 | 1 521/1 026 | 1 260 |
| 07-12T12 | 1 850 | 1.14 | 2 109 | 2 110 |
| 07-12T15 | 5 950 | 1.19 | 7 080 | 7 080 |
| 07-12T18 | 5 800 | 1.14 | 6 612 | 6 610 |
| 07-12T21 | 3 900 | 1.14 | 4 446 | 4 450 |
| 07-13T00 | 3 100 | 1.14 | 3 534 | 3 530 |
| 07-13T03 | 2 000 | 1.14 | 2 280 | 2 280 |
| 07-13T06 | 1 200 | 1.14 | 1 368 | 1 700 |
| 07-13T09 | 900 | 1.14/1.69 | 1 026/1 521 | 1 300 |
| 07-13T12 | 720 | 1.69 | 1 217 | 1 000 |
| 07-13T15 | 580 | 1.69 | 980 | 850 |
| 07-13T18 | 470 | 1.69 | 794 | 700 |
| 07-13T21 | 400 | 1.69 | 676 | 650 |
| 07-14T00 | 340 | 1.69 | 575 | 575 |
| 07-14T03 | 300 | 1.69 | 507 | 507 |
| 07-14T06 | 270 | 1.69 | 456 | 456 |
| 07-14T09 | 245 | 1.69 | 414 | 414 |
| 07-14T12 | 215 | 1.69 | 363 | 363 |
| 07-14T15 | 198 | 1.69 | 335 | 335 |
| 07-14T18 | 181 | 1.69 | 306 | 306 |
| 07-14T21 | 167 | 1.69 | 282 | 282 |
| 07-15T00 | 152 | 1.69 | 257 | 257 |

设计洪水过程线见图 4-1，经校核，修匀后的各时段洪量与设计洪量误差小于 1%。

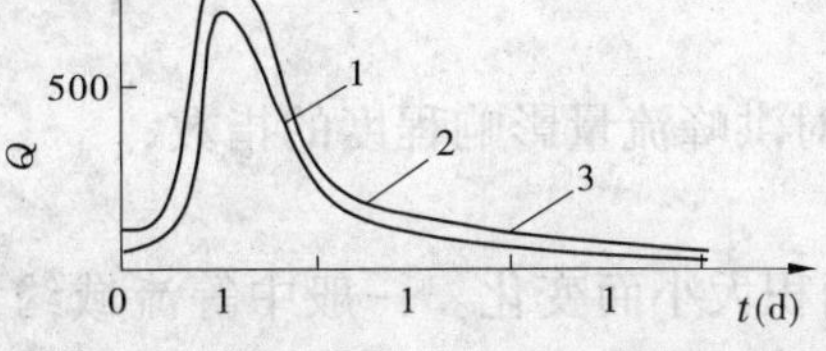


1—典型洪水过程线；2—放大后的设计洪水过程线；3—放大并修匀后的设计洪水过程线

图 4-1 某站 $P=1\%$ 的设计洪水过程线

# 任务3 小流域设计洪水的估算

小流域一般是指流域面积小于500 $km^2$ 的流域。在实际水土保持、生态环境治理和农田水利基本建设工作中，经常会遇到需要在小流域上对多个工程进行规划设计的情况。比如，可能需要在小流域上修建一批农田水利工程，包括小型水库、塘堰、水闸等；再如铁路、公路建设中，可能需要在小流域上修建许多桥梁、涵洞等。在规划设计这些水利工程时就必须进行设计洪水计算，理论上可以用由流量资料推求设计洪水或由暴雨资料推求设计洪水的方法推求这类小流域的设计洪水，但实际上由于小流域一般缺乏当地实测水文资料或气象资料，往往既无实测流量资料，又无实测暴雨资料，对于这种缺乏实测资料的小流域，难以应用以上两种方法。

小流域工程一般对洪水的调节能力较小，工程规模主要受洪峰流量控制，因而对设计洪峰流量的要求高于对设计洪水过程的要求；小流域工程的数量较多，分布面广，计算方法应力求简便易行。另外，小流域洪水计算重点解决的问题主要是推求洪峰流量，常用暴雨等值线图与推理公式或经验公式来估算设计洪水。

## 1 地区经验公式

洪峰流量的经验公式是根据本地区的实测或调查洪水资料进行分析，直接建立洪峰流量与有关因素之间的相关关系，然后根据相关曲线的线型配以适当的数学方程式来建立的。这种公式都是根据某一地区实测的经验数据制定的，没有从形成洪峰流量的物理概念上推导，纯属经验关系，地区性很强，因此称为地区经验公式。

影响洪峰流量的因素很多，例如河道的比降、长度、断面形状，流域的面积、形状、植被、土壤地质条件，暴雨量的大小、时空分布等。建立经验公式的关键在于选定主要因素，若主要因素选得太少，就不能较全面地反映主要影响因素；若主要因素选得较多，则参数的定量困难，反而影响精度，而且计算麻烦。目前我国广泛应用的一些洪峰流量经验公式，有单因素的公式，也有多因素的公式，下面分别作简单介绍。

### 1.1 单因素公式

最简单的经验公式，是以流域面积作为影响洪峰流量的主要因素，把其他因素用一个综合系数表示，其形式为

$$Q_{mP} = C_P F^n \tag{4-13}$$

式中 $Q_{mP}$——设计洪峰流量；

$F$——流域面积；

$n$——反映流域面积对洪峰流量影响程度的指数；

$C_P$——综合系数。

式中的指数 $n$ 随流域面积大小而变化。一般中等流域约为0.5，小流域约为2/3，特小流域将更大些。$C_P$ 是与频率有关的综合系数，主要受暴雨影响，通常将 $C_P$ 绘成等值线图供查用。

这种公式过于简单，较难反映流域的各种特性，只有在实测资料较多的地区，分区范

围不太大，分区内暴雨特性和流域特征比较一致时，才能得出较合理的结果。

### 1.2 多因素公式

目前我国采用的多因素公式，一般考虑2～3个指标，常见的形式有

$$Q_{mP} = Cx_{24,P}F^n \tag{4-14}$$

$$Q_{mP} = Cx_{24,P}J^\beta F^n \tag{4-15}$$

$$Q_{mP} = Ch_{24,P}^\alpha J^\beta f^\gamma F^n \tag{4-16}$$

式中 $x_{24,P}$——设计频率为 $P$ 的年最大24 h暴雨量；

$h_{24,P}$——设计频率为 $P$ 的年最大24 h净雨量；

$J$——河道干流平均坡度；

$f$——流域形状系统，$f=F/L^2$；

$\alpha,\beta,\gamma,n$——指数；

$C$——综合系数。

例如，安徽省山丘区中小河流洪峰流量经验公式为

$$Q_{mP} = Ch_{24,P}^{1.21}F^{0.73} \tag{4-17}$$

式中，综合系数 $C$ 按深山区、浅山区、高丘区、低丘区四类分别取0.051 4、0.028 5、0.023 9、0.019 4。

### 1.3 洪峰流量均值的经验公式

以上公式都是直接求设计洪峰流量的。但也有的地区是建立洪峰流量均值的经验公式，同时绘出洪峰流量的变差系数 $C_v$ 的等值线图和给出偏态系数 $C_s$ 的分区值（$C_s/C_v$ 值）。在确定统计参数后，就可计算设计洪峰流量。

洪峰流量均值的经验公式在形式是与上述两类公式相似的，例如

$$\overline{Q}_m = CF^n \tag{4-18}$$

$$\overline{Q}_m = C\overline{x}_{24}J^\beta f^\gamma F^n \tag{4-19}$$

式中 $\overline{Q}_m$——年最大洪峰流量的多年平均值；

$\overline{x}_{24}$——年最大24 h雨量的多年平均值。

## 2 小流域设计洪水过程线的推求

某些中小型水库，需要考虑调洪作用。为调洪演算提供依据，除设计洪峰流量外，还应推求相应的设计洪量及洪水过程线。

小流域的设计洪水过程线一般是根据概化过程线，按设计洪峰流量、设计洪量予以放大求得的。概化过程线是根据小流域洪水资料综合并予以简化而得的。国内常见的有曲线形、三角形及五点概化过程等，如图4-2所示。

一次设计洪量可由下式计算

$$W = 1\,000h_R F \tag{4-20}$$

式中 $h_R$——一次净雨量；

$F$——流域面积，km$^2$；

$W$——一次洪水总量，m$^3$。

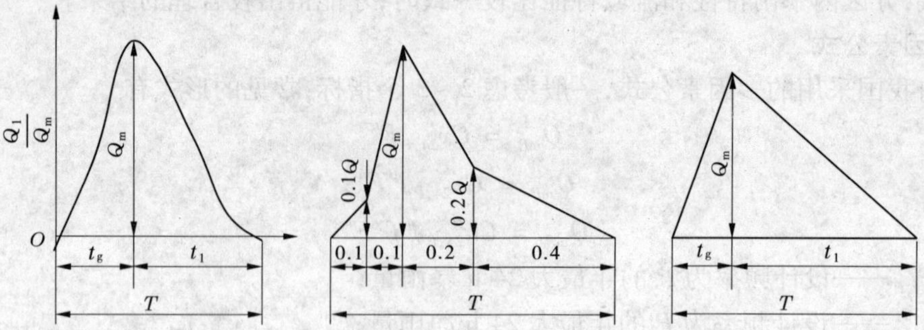


(a)曲线形　　(b)五点概化过程　　(c)三角形

**图 4-2　概化洪水过程图**

一次洪水总历时 $T$ 或涨水历时 $t_g$(h)可用下列包含洪峰流量 $Q_m$ 及流量 $W$ 的公式计算,即

$$T(\text{或}\ t_g) = f(Q_m, W) \tag{4-21}$$

计算 $T$(或 $t_g$)公式的具体形式随概化过程线形状不同而异。对三角形过程线,计算 $T$ 的公式为

$$T = \frac{2W}{Q_m} \tag{4-22}$$

对于三角形概化过程线,主要的问题是确定涨水历时 $t_g$ 与退水历时 $t_1$ 的比例,即

$$t_1 = \beta t_g \tag{4-23}$$

一般情况下,$t_1 > t_g$。根据有些地区 $\beta$ 值的分析,为 1.5 ~ 3.0。其值与洪峰出现时间有关,一般山区河流洪水的 $\beta$ 值较大些,丘陵区河流洪水的 $\beta$ 值则小些。$\beta$ 的具体数值应由实测资料分析确定。

# 思考题

4-1　研究洪水变化规律,预估水工建筑物在今后运行期间可能出现的洪水情况,为水工建筑物的设计、施工和管理提供必需的洪水特征值。

4-2　设计洪水的推求。要求按水利水电工程所依据的各种标准的设计洪水,包括设计洪峰流量、设计时段洪量以及设计洪水过程线,进行推求。

4-3　简述小流域设计洪水推求特点。

# 项目5 水库兴利调节计算

## 任务1 水 库

### 1 水库调节作用

从河川径流特性的讨论中可以看出,河川径流在年内和年际间的分配都是很不均匀的,汛期或丰水期,水量丰沛,一般超过用水量,甚至造成洪涝灾害;而枯水期或枯水年的水量,往往又不够用。显然,河流的天然来水同人类的生产、生活用水要求存在矛盾,而建造水库调节来水和用水之间的矛盾是一种普遍的、有效的工程措施。

随着国民经济的发展,对水资源的需求也在不断增加。因此,合理开发利用水资源也就越来越重要。修建水库能够调蓄水量,抬高水位,改变河流天然径流过程,以适应国民经济的要求。根据人们的需要,利用水库控制并重新分配径流称为径流调节。其中,为提高枯水期(或枯水年)的供水量,满足灌溉、水力发电及城镇工业、生活用水等兴利要求而进行的调节称为兴利调节;为拦蓄洪水、削减洪峰流量,防止或减轻下游洪水灾害而进行的调节称为防洪调节。

### 2 水库调节类型

水库来水、用水和蓄水都是经常变化的,水库由库空(死水位)到库满(正常蓄水位)再到库空,循环一次所经历的时间,称为调节周期。按调节周期的长短来分,兴利调节可划分为日调节、周调节、年调节和多年调节等类型。以灌溉为主的水库常为年调节或多年调节水库。

#### 2.1 日调节和周调节

日调节和周调节均是短周期调节,一般用于发电水库。河川径流在一天或一周内的变化是不大的,而用电负荷,白天和夜晚,或工作日与休息日之间,差异却较大。有了水库就可把夜间或休息日负荷小时的多余水量蓄存起来,增加白天和工作日高负荷时的发电量。这种在一天、一周内将径流进行重新分配的调节称为日调节、周调节。

#### 2.2 年调节

在我国,一般河流径流的季节性变化是很大的,丰水期和枯水期水量相差悬殊。径流年调节的任务就是将丰水期的多余水量存蓄在水库中,供枯水期使用。调节周期为一年的,称为年调节。

在年调节水库中,当水库蓄满兴利库容,来水仍大于用水时,水库将发生弃水(由泄水建筑物排往下游)。对设计水库来说,在设计枯水年年内来水量大于用水量,经水库调节，尚有弃水发生，称不完全年调节（或季调节）。如果水库能将设计枯水年年内全部来水量完全按用水要求重新分配且没有弃水，称完全年调节。

完全年调节和不完全年调节的概念是相对的。完全年调节水库一般指遇到设计枯水年时没有弃水，而在一般枯水年份或丰水年份来水量大、用水量小，不必进行完全年调节即能满足用水要求，不会发生弃水。

通常可用兴利库容与多年平均年径流总量的比值（库容系数 $\beta$）来反映水库的兴利调节能力，当 $\beta=0.08\sim0.30$ 时可进行年调节（灌溉用水年内变化大，有时仍属年调节）。年调节水库一般可同时进行周和日的短周期径流调节。

### 2.3 多年调节

当用水量较大，或设计保证率较高时，设计年径流量小于年用水量，这时修建年调节水库满足不了用水的要求，需把丰水年多余的水量拦蓄在水库中，以补充枯水年供水量的不足。这种跨年度的调节称为多年调节。多年调节水库往往需经过若干个丰水年才能蓄满，然后将存蓄的水量分配在随后的枯水年份里用掉，即调节周期为多年。

水库的相对库容越大，它调节径流的周期就越长，调节利用径流的程度就越高。多年调节水库由于相对库容较大，可同时进行年、周和日的径流调节。

## 3 水库供水

### 3.1 兴利用水

国民经济各兴利用水部门在利用河川径流量方面有着多种形式。如居民及工业的用水，农业的灌溉，水电站的发电，天然河道及渠化河道中的通航与木材的浮运，鱼道和鱼塘的操作，以及污水净化和水上游乐等。这些用水部门，不论是直接耗用水量，或是仅利用水的某种性质，都要求有一定的供水数量及供水程序的保证。在供水不足时，便会影响其工作或对生产造成不利。

用水的需要，随河流所在地区而不同。它主要取决于流域内的国民经济的形式，工矿、农业的分布及种类，水陆交通运输情况，动力经济状况，城市及居民点的分布，洪涝旱灾情等。因此，需要了解这些部门以及整个国民经济的发展计划，才能定出流域或水库所在地区各用水部门当前和未来的用水需要。由于水利措施非短期行为，其服务年限也较久，故用水需要不是针对眼前情况，而应当充分估计未来用水需要的增长水平，定出工程完工投入运用后若干年（工程能较充分发挥作用，如 5 年后）的需求水平作为设计第一期工程的依据。同时，以工程运用更长一些年后（如 10 年或 15 年后）的需求水平作为设计校核和作为假想远景发展的指导参考性数据。

兴利用水的需要，虽然各部门各有特点，不尽相同，但也有一些共同的基本特点。首先，许多兴利用水部门，在某一定的用水（用电）量和供水程序条件下，工作是最有成效的，生产率是最高的。例如，给水（供水）、供电以及灌溉，都有各自的最佳消费情况。

这种使用水（电）单位处在最佳生产状态时所需要的单位产品用水量（或用电量），又称为需水定额，用它乘以总产量即可得总需水量。另外，需水量的多少，常随生产规模的扩大而有渐进性的变化。再如，某些企业对需水有周期性变化的要求。这种周期性的变化可以表现为：因季节变换对经济活动所造成的季节变化的影响；因昼夜的交替所引起的日变化或因工作日与休息日的区别所导致的周变化。

在规划设计水库时，对需水渐进性的变化，可用不同阶段的用水水平来处理。而逐时逐季的变化则用月平均需水量，结合一套各季的典型日用水量（或电力负荷）图来表示。

在遇到特别干旱的年份，河川枯季径流量很小时，对用户要维持正常的供水量，不仅十分困难，而且在经济上往往也不合理。因此，除最佳供水情况外，还要研究缩减供水的影响和可能的范围。它的主要依据是，一方面因供水不足引起国民经济某部门生产计划的破坏所造成的损失，或该部门用后备装置来弥补和调剂时所需的额外投资费用的大小；另一方面，由于特别枯水期允许供水量有一定的缩减，而使水利设备不必造得很大，减少了部分投资费用。这样将经济上损失的或其他额外投资的费用与减少的水利工程投资费用进行比较、权衡，就可确定缩减用水的合理范围及其经济影响。

### 3.2 其他需水部门及综合需水图

除上述主要供水对象外，还有渔业、卫生、环境保护及旅游事业等。对于渔业，除确定水库死水位时要考虑养鱼水深外，在有必要专为渔业（例如操作鱼道和鱼塘灌水）用水的情况下，应当根据实际需要拟定出用水过程线，作为渔业用水资料。卫生及环境保护的要求，可能是多种多样的，并因地而异。

以上这些属于次要的用水部门，一般它们对水量的要求是不多的。有了各种用水部门的年及逐月需水图，即可绘制综合需水图。它就是水库进行综合利用所应满足的总需水图。综合需水图的编制，并不是简单地把各部门需水量同步累加，而是要考虑一水多用的可能性。水库进行综合利用时，各用水部门的关系往往错综复杂。

从编制综合需水图的角度来看，主要有下列各点：

(1)取水地点和回泄地点；

(2)需要的水质；

(3)需水的年内各月分配和日内各小时的分配；

(4)需水保证率的不同。

上述不同的要求，可能与水库供水产生矛盾，存在不太合理、不太经济的地方，则应进行一定的协调，统筹兼顾、“先用后耗”，力争“一水多用、一库多能”，必要时可统筹安排调整个别用水部门的要求。另外，所编制的综合需水图，应分别是正常供水和缩减供水（低保证和高保证）两种图。

## 4 水库水量损失

水库建成后，天然水流情况有了变化，最明显的是径流年内分配发生了变化，削减了洪峰，增加了枯水流量。同时，库水位及库区周边地下水位抬高，水面加宽，水深增大，流速减小；库区内的水流挟沙、蒸发、渗漏、水温、水质等亦发生变化。这里先研究水库一部分水量损失的问题，主要介绍水库蒸发损失及渗漏损失。此外，在某种场合下，还须考虑在形成冰层时所损失的水量。

### 4.1 水库蒸发损失

水库的蒸发损失是指水库兴建前后因蒸发量的不同所造成的水量差值。修建水库前，除原河道为水面蒸发外，整个库区都是陆面蒸发，而这部分陆面蒸发量已反映在坝址断面处的实测年径流资料中。建库之后，库区内陆面面积变为水库水面面积，由原来的陆面蒸发变成水面蒸发。因水面蒸发比陆面蒸发大，故所谓的蒸发损失就是指由陆面面积变为水面面积所增加的额外蒸发量，以 $\Delta W$ 表示为

$$\Delta W = 1\,000(E_{水} - E_{陆})F_V \tag{5-1}$$

$$E_{水} = KE_{测} \tag{5-2}$$

$$E_{陆} = \overline{E} = \overline{H} - \overline{Y} \tag{5-3}$$

式中 $\Delta W$——水库的蒸发损失量，$m^3$；

$E_{测}$——实测水面蒸发量，mm；

$K$——蒸发器（皿）折算系数，一般为 0.65 ~ 0.80；

$E_{水}$——水面蒸发量，mm；

$E_{陆}$——陆面蒸发量，mm；

$\overline{H}$——闭合流域多年平均年降水量，mm；

$\overline{Y}$——闭合流域多年平均年径流深，mm；

$F_V$——建库增加的水面面积，$km^2$，取计算时段始末的平均面积，如果水库形成前的水面面积（如湖泊、河川等）与水库总面积的相对比值不大，则计算时可忽略不计，取水面面积作为 $F_V$ 的值。

在蒸发资料比较充分时，要作出与来、用水对应的水库年蒸发损失系列，其年内分配即采用当年实测的年内分配。如果资料不充分，在年调节计算（或多年调节计算）时，可采用多年平均的年蒸发量和多年平均的年内分配。

**【例 5-1】** 已知张峰水库观测资料，由蒸发皿实测的水面蒸发量为 1 506 mm，蒸发皿折算系数 $K = 0.8$，流域多年平均年降水量 $\overline{H} = 1\,310$ mm，多年平均径流深 $\overline{Y} = 787$ mm，蒸发量的多年平均年内分配百分比例见表 5-1。试求水库的年蒸发损失量及相应的年内分配。

**解**：(1) 陆面蒸发量：$\overline{E} = \overline{H} - \overline{Y} = 1\,310 - 787 = 523$ (mm)。

(2) 水面蒸发量：$E_{水} = KE_{测} = 0.8 \times 1\,506 = 1\,205$ (mm)。

(3) 水库的年蒸发损失量：$E_{水} - \overline{E} = 1\,205 - 523 = 682$ (mm)。

(4) 水库的各月蒸发损失量：用全年蒸发量乘以各月蒸发损失百分比，计算成果见表 5-1。

**表 5-1 某水库蒸发损失计算**

| 月份 | 1 | 2 | 3 | 4 | 5 | 6 | 7 | 8 | 9 | 10 | 11 | 12 | 全年 |
|---|---|---|---|---|---|---|---|---|---|---|---|---|---|
| 月损失（%） | 3.09 | 3.82 | 6.88 | 8.52 | 11.8 | 14.21 | 13.05 | 13.3 | 9.82 | 7.61 | 4.69 | 3.21 | 100 |
| 蒸发损失（mm） | 21 | 26 | 47 | 58 | 80 | 97 | 89 | 91 | 67 | 52 | 32 | 22 | 682 |

## 4.2 渗漏损失

水库建成并蓄水后，水位抬高，水压力增大，水库蓄水量的渗漏损失随之加大。水库的渗漏损失主要表现在以下几个方面：

(1)经过能透水的坝身(如土坝、堆石坝等),以及闸门、水轮机等的渗漏。

(2)通过坝基及大坝两翼的渗漏。

(3)通过库底向较低的透水层及库外的渗漏。

在实际生产中,常根据水文地质情况,定出一些经验性的数据,作为初步估算渗漏损失的依据。若以1年或1个月的渗漏损失相当于水库平均容积的一定百分数来估算,则初步可采用如下数值:

(1)水文地质条件优良(指库床为不透水层,地下水面与库面接近),每年0~10%或每月0~1%。

(2)水文地质条件中等,每年10%~20%或每月1%~1.5%。

(3)水文地质条件较差,每年20%~40%或每月1.5%~3%。

在水库运行的最初几年,渗漏损失往往较大(大于上述经验数值),因为初蓄时,为了湿润土壤及抬高地下水位需要额外损失水量。水库运行多年以后,由于库床泥沙颗粒间的空隙逐渐被细泥或黏土淤塞,渗透系数变小,同时库岸四周地下水位逐渐抬高,渗漏量减少。

### 4.3 其他损失

水库水量损失除上述两种主要形式外,还可能有其他形式的损失,如结冰损失。北方地区气候寒冷,冬季水库水面形成冰盖。年调节水库每年放空一次,冬季枯水期水库供水时水位随之下降,水库面积缩小,有一部分冰盖附着库岸,相应于这部分冰盖的水量,当时不能利用,应视为结冰损失。多年调节的水库,仅在连续枯水年末才放空,所以在枯水年组最后一年的结冰损失,才是真正的损失。

# 任务2 年调节水库兴利调节计算

## 1 水库特性曲线

在河流上拦河筑坝形成人工湖来进行径流调节,这就是水库。一般地说,坝筑得越高,水库的容积(简称库容)就越大。如库区内地形开阔,则库容较大;如为一峡谷,则库容较小。河流比降小,库容就大;比降大,库容就小。根据库区河谷形状,水库有河道型和湖泊型两种。

水库的形体特征,其定量表示主要就是水库水位—面积关系和水库水位—容积关系。对于一座水库来讲,水位越高则水库面积越大,库容越大。不同水位有相应的水库面积和库容,对径流调节有直接影响。因此,在设计时,必须先作出水库水位—面积以及水库水位—容积关系曲线,这两者是水库特性资料。

为绘制水库水位—面积以及水库水位—容积关系曲线,一般可根据1/10 000~1/5 000比例尺的地形图,用求积仪或数方格等方法,求得不同高程(高程的间隔可用1 m、2 m或5 m)时水库的面积,即水库某一水位相应的等高线与坝轴线所包围的面积。然后以水库水位为纵坐标,水库面积为横坐标,绘制水库水位—面积关系曲线。水库面积特性曲线是研究水库库容、淹没范围和计算水库蒸发损失的依据。

水库水位—容积关系曲线，可由水库面积特性曲线求得。方法如下：

(1)按水库水位—面积曲线中的水位分层，得相应的水面面积；

(2)自库底向上逐层计算各相邻水位间的容积 $\Delta V_i$；

(3)将 $\Delta V_i$ 由库底自下而上依次逐层累加，即得各级水位下的容积 $V$；

(4)以水位 $Z$ 为纵坐标，相应的容积 $V$ 为横坐标，点绘 $Z \sim V$ 关系点据，并连成光滑曲线，即得水库水位—容积关系曲线。

水库水位—容积关系曲线是估算渗漏损失水量和确定水库水位或库容的依据。相邻高程间的部分容积可按下式计算

$$\Delta V = \frac{F_1 + F_2}{2}\Delta Z \qquad (5\text{-}4)$$

式中 $\Delta V$——相邻高程间（相邻水位间）的容积，万 $m^3$；

$F_1$、$F_2$——相邻上、下水位相应的水库面积，万 $m^2$；

$\Delta Z$——高程间隔（相邻水位差），m。

或用较精确的公式

$$\Delta V = \frac{1}{3}(F_1 + \sqrt{F_1 F_2} + F_2)\Delta Z \qquad (5\text{-}5)$$

当库区地形变化不大时，用式(5-4)计算；当库区地形变化较大时，用式(5-5)计算较为精确。以张峰水库为例，水库库容见表5-2，水库库容关系曲线的计算见表5-3。水库面积关系曲线和容积关系曲线的一般形状如图5-1所示。

**表5-2 张峰水库库容**

| 高程(m) | 面积($km^2$) | 原始库容(万 $m^3$) | 30年库容(万 $m^3$) |
|---|---|---|---|
| 715 | 2.047 | 1 405 | 0 |
| 720 | 2.919 | 2 640 | 617 |
| 725 | 4.195 | 4 409 | 2 366 |
| 730 | 4.727 | 6 638 | 4 540 |
| 735 | 6.401 | 9 409 | 7 053 |
| 740 | 8.105 | 13 027 | 10 203 |
| 745 | 9.343 | 17 385 | 13 915 |
| 750 | 11.06 | 22 480 | 18 196 |
| 755 | 12.77 | 28 432 | 23 086 |
| 760 | 14.76 | 35 309 | 29 072 |
| 765 | 17.01 | 43 246 | 36 610 |

若蓄在水库内的水体为静止（流速为零），这时的库容称为静库容。如有一定入库流量（水流有一定流速），则水库水面从坝址起沿程上溯的回水曲线并非水平，越往上游，水面越上翘，直到入库端与天然水面相交。静库容以上与洪水的水面线之间包含的水库容积为楔形蓄量（图5-2的阴影部分）。静库容与楔形蓄量的总和为动库容。以入库流量为参数的坝前水位与相应动库容的关系曲线，称为动库容曲线。

表5-3　张峰水库库容计算

| 水位 $Z$(m) | 面积 $F_{库}$(万 $m^2$) | 水位差 $\Delta Z$(m) | 容积 $\Delta V$(万 $m^3$) | 库容 $V$(万 $m^3$) |
|---|---|---|---|---|
| ① | ② | ③ | ④ | ⑤ |
| 50.5 | 0 | | | 0 |
| | | 0.5 | 1.3 | |
| 51.0 | 8 | | | 1.3 |
| | | 1.0 | 18.7 | |
| 52.0 | 32 | | | 20.0 |
| | | 1.0 | 45.3 | |
| 53.0 | 60 | | | 65.3 |
| | | 1.0 | 74.9 | |
| 54.0 | 91 | | | 140.2 |
| | | 1.0 | 106.5 | |
| 55.0 | 123 | | | 246.7 |
| | | 1.0 | 139.7 | |
| 56.0 | 157 | | | 386.4 |
| | | 1.0 | 174.3 | |
| 57.0 | 192 | | | 560.7 |
| | | 1.0 | 209.7 | |
| 58.0 | 228 | | | 770.4 |
| | | 1.0 | 246.3 | |
| 59.0 | 265 | | | 1 016.7 |
| | | 1.0 | 283.3 | |
| 60.0 | 302 | | | 1 300.0 |
| | | 1.0 | 320.7 | |
| 61.0 | 340 | | | 1 620.7 |
| | | 1.0 | 359.3 | |
| 62.0 | 379 | | | 1 980.0 |
| | | 1.0 | 398.3 | |
| 63.0 | 418 | | | 2 378.3 |
| | | 1.0 | 438.7 | |
| 64.0 | 460 | | | 2 817.0 |
| | | 1.0 | 480.0 | |
| 65.0 | 500 | | | 3 297.0 |

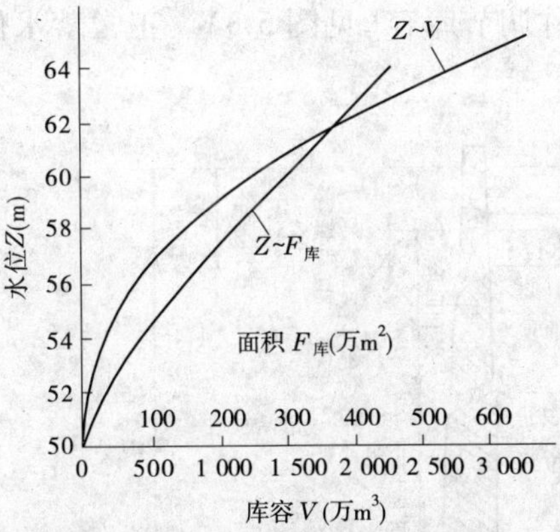


图5-1　水库特性曲线

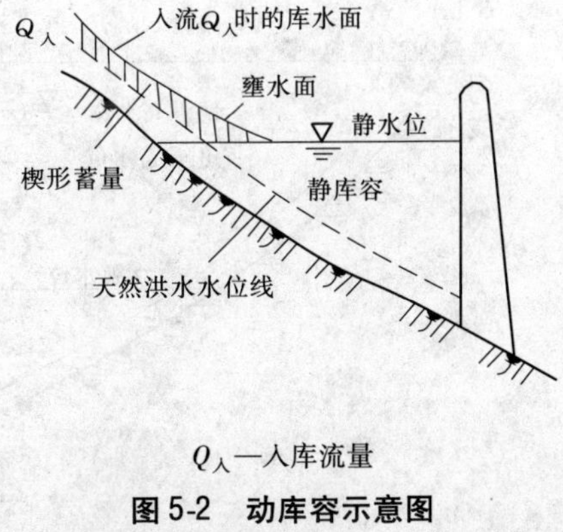


Q入—入库流量

图5-2　动库容示意图

应当指出的是，动库容的计算需要的资料多，比较麻烦，为了简便起见，一般的调节计算多采用静库容。

## 2 水库特征水位和库容

水库的规划设计,首先要合理确定各种库容和相应的库水位。具体讲,就是要根据河流的水文条件、坝址的地形地质条件和各用水部门的需水要求,通过调节计算,并从政治、技术、经济等方面进行全面的综合分析论证,来确定水库的各种特征水位及相应的库容值。这些特征水位和库容各有其特定的任务和作用,体现着水库利用和正常工作的各种特定要求。它们也是规划设计阶段确定主要水工建筑物的尺寸(如坝高和溢洪道大小),估算工程投资、效益的基本依据。这些特征水位和相应的库容,通常有下列几种。

### 2.1 死水位和死库容

死水位是指在正常运用情况下,允许水库消落的最低水位。死水位以下的库容称为死库容或垫底库容。水库正常运行时一般不能低于死水位。除非特殊干旱年份或其他特殊情况,如战备要求、地震等,为保证紧要用水、安全等要求,经慎重研究,才允许临时动用死库容部分存水。确定死水位所应考虑的主要因素如下:

(1)保证水库有足够的、发挥正常效用的使用年限(俗称水库寿命)。

(2)保证水电站所需要的最低水头和自流灌溉必要的引水高程。

(3)库区航运和渔业的要求。

水库在供水期末,可以也应该放空到死水位,以便能充分利用水库库容和河川来水,而死水位以下,则应视为运行禁区。但在过去一段时期,不少地区因供水、供电紧张,常强制水库不断泄放死库容中的存水,致使水库长期处于低水位的不正常状态。这种“死水位不死”的不合理调度,不仅大大降低了水资源利用的效率,导致恶性循环,也使机组设备的损耗加剧。

### 2.2 正常蓄水位和兴利库容

在正常运行条件下,为了满足兴利部门枯水期的正常用水,水库在供水开始时应蓄到的最高水位,称为正常蓄水位,又称正常高水位。正常蓄水位到死水位之间的库容,是水库实际可用于径流调节的库容,称为兴利库容,又称调节库容(见图5-3)。正常蓄水位与死水位之间的深度,称为消落深度,又称工作深度。

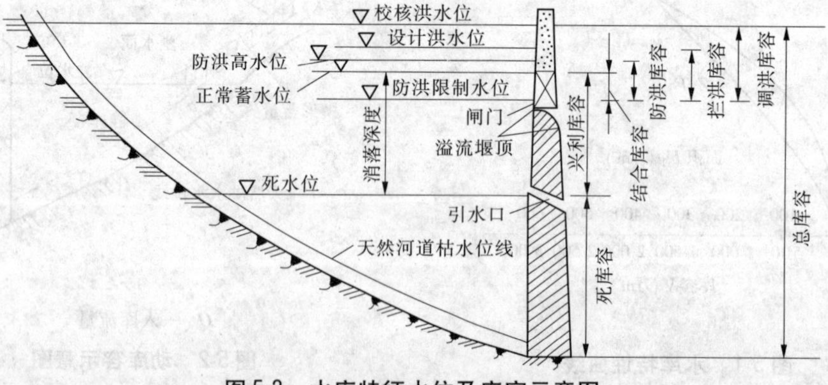


图5-3 水库特征水位及库容示意图

溢洪道无闸门时,正常蓄水位就是溢洪道堰顶的高程;溢洪道有操作闸门时,多数情况下正常蓄水位也就是闸门关闭时的门顶高程。

### 2.3 防洪限制水位和结合库容

水库在汛期允许兴利蓄水的上限水位,称为防洪限制水位,又称为汛期限制水位。兴建水库后,为了汛期安全泄洪和减少泄洪设备,常要求有一部分库容作为拦蓄洪水和削减洪峰之用。这个水位以上的库容就是作为滞蓄洪水的库容。只有在出现洪水时,水库水位才允许超过防洪限制水位。

洪水消退后,水库水位应降到防洪限制水位。防洪限制水位,可根据洪水特性、防洪要求和水文预报条件,在汛期不同时段分期拟定。

### 2.4 防洪高水位和防洪库容

当水库下游有防洪要求时,遇到下游防护对象的设计标准洪水时,经水库调洪后,在坝前达到的最高水位,称为防洪高水位。它至防洪限制水位之间的水库容积称为防洪库容。

### 2.5 设计洪水位和拦洪库容

当遇到大坝设计标准洪水时,经水库调洪,在坝前达到的最高水位,称为设计洪水位。它至防洪限制水位之间的水库容积称为拦洪库容。

设计洪水位是水库的重要参数之一,它决定了设计洪水情况下的上游洪水淹没范围,它同时又与泄洪建筑物尺寸、型式有关,而泄洪设备型式(包括溢流堰、泄洪孔、泄洪隧洞)的选择,则应根据设计工程的地形、地质条件和坝型、枢纽布置特点拟定。

### 2.6 校核洪水位和调洪库容

当遇到大坝校核标准洪水时,经水库调洪后,在坝前达到的最高水位,称为校核洪水位。它至防洪限制水位间的水库容积称为调洪库容。

校核洪水位以下的全部水库容积就是水库的总库容。总库容是水库最主要的一个指标。设计洪水位或校核洪水位加上一定数量的风浪爬高值和安全超高值,就是坝顶高程。

水库的各种特征水位及其相应库容如图5-3所示。

## 3 水库死水位的确定

### 3.1 根据淤积要求确定死水位和死库容

在规划设计水库时,一般要求引水管下缘放在淤积水位以上1 m左右,防止泥沙进入引水管,以保证引水设备和发电设备的安全运行,这个水深称为管底超高。而在引水边缘,也要有1~2 m以上的安全水深,保证引水时不致进入空气,以免破坏水流状态,并准备在特殊枯水年份能用部分死库容水量,此安全水深也称为管顶安全超高。对北方河流,有时还要考虑冬季在水面上的冰层厚度。据上述,死水位 $Z_{死}$ 确定为

$$Z_{死} = Z_{淤} + 管底超高 + 引水管外径 + 管顶安全超高 \tag{5-6}$$

根据 $Z_{死}$ 查 $Z \sim V$ 曲线,可确定死库容 $V_{死}$。

### 3.2 根据灌溉要求确定死水位

以灌溉为主的水库,设计死水位主要取决于灌区自流引水灌溉的要求,可根据灌区条件和工程造价(如部分地形较高的灌溉面积是否要提水灌溉)进行方案比较,在渠系设计工作中定出干渠渠首设计高程(如图5-4中 $B$ 点高程)后,根据引水管坡降和长度推算进

水管口处 A 点高程。依据输水结构的型式和尺寸进行水力计算，推求渠道设计流量所需要的最小水头 $H_{最小}$，再加上 1/2 引水管内径，即得相应的死水位。可用下式计算

$$Z_{死} = Z_{渠} + D_{内}/2 + H_{最小} + iL \tag{5-7}$$

式中 $Z_{渠}$——渠首设计控制高程，m；

$i$、$L$——引水管坡度（无量纲）和长度，m；

$D_{内}$——引水管内径，m；

$H_{最小}$——渠道设计流量的最小水头，m。

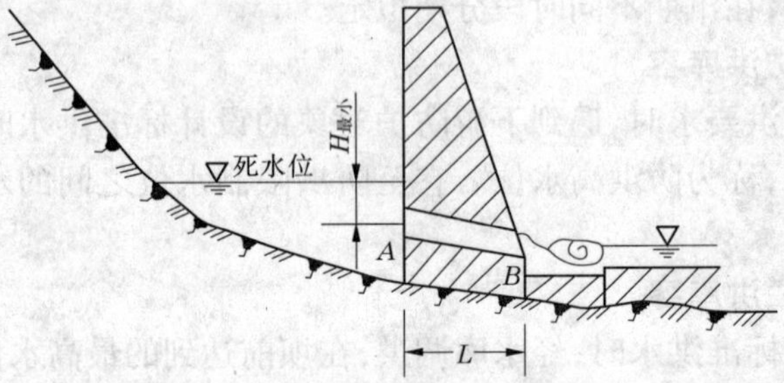


图 5-4　考虑灌溉要求确定死水位示意图

**【例 5-2】** 已知南方某地中型水库流域面积 $F=62\ km^2$，查得 $M_{蚀}=80\ t/(km^2 \cdot a)$（已考虑推移质输沙量），设计水库使用年限 $T=50$ 年，灌溉要求死水位 53.32 m。求淤积库容，并检验是否满足灌溉要求。

**解**：(1) 计算淤积库容 $V_{淤}$：

$$V_{淤} = mM_{蚀}FT/[(1-p)\gamma] = 1 \times 80 \times 62 \times 50/[(1-0.3) \times 2.4] = 14.8(万\ m^3)$$

式中：$p$ 为淤积泥沙孔隙度，一般取 0.3～0.4；$\gamma$ 为淤积泥沙密度；$m$ 为入库泥沙留在水库中的相对值。

(2) 求淤积水位 $Z_{淤}$：根据 $V_{淤}=14.8$ 万 $m^3$，查该水库 $Z \sim V$ 曲线，得淤积水位 $Z_{淤}=51.8$ m。

(3) 检验：灌溉引水要求死水位 53.32 m，查库容曲线，$V_{死}=84$ 万 $m^3$，大于 $V_{淤}$。该水库对 $Z_{死}$ 无发电及其他要求，故选用 $Z_{死}=53.32$ m，相应的 $V_{死}=84$ 万 $m^3$。

### 3.3　根据水力发电要求确定死水位

灌溉结合发电的水库，死水位的选择要考虑保证水电站水轮机组所需要的最低水头和最佳消落深度，以利于发出较多的电能和出力。

### 3.4　其他用水部门对死水位的要求

对于综合利用的水库，还需要考虑其他有关用水部门的要求。如水库有水产养殖任务时，要考虑养鱼对水量、水深和水面面积等的要求，要求水库死水位选定在适当高程，以保证水库在枯水期末放水后仍有一定的水体供鱼类活动和生长；如需考虑库区航运，按船只吨位，以保证航运的最小水深来确定死水位；其他如库区的环境卫生等的要求也应统筹规划。

## 4 水库兴利水位的确定

一般来说,水库兴利调节计算的任务是:在已知设计保证率的来水量条件下,根据用水部门要求的调节流量决定水库所需的兴利库容;或者根据已定的水库兴利库容来决定可提供的调节流量。

在已知来水条件下,根据用水要求确定水库的兴利库容,一般采用时历列表法、差积曲线图解法等。这里只介绍时历列表法,它又可分为典型年法和长系列法。

中小型水库一般仅对设计枯水年进行列表调节计算,求出该年满足兴利用水的兴利库容,作为设计的兴利库容,这种方法称为典型年法。

### 4.1 兴利计算原理

兴利调节的目的在于提高枯水期的供水量,以满足各用水部门的需要。因此,必须按兴利要求调节径流。水库之所以有调节径流的能力,是由于筑坝和设置放水孔后,能够有计划地按兴利要求改变放水孔的开度来控制和调节水库的出流水量。而出流水量与河川天然来水相差的水量,就暂时蓄存在水库中或由水库补足,因而就有水库蓄水量的蓄泄变化,而水库的这种充蓄和泄放的变化情况,是确定水库工程规模及兴利效益的主要依据之一。

兴利调节计算是根据水量平衡原理进行的,即将水库整个调节周期内蓄水量的变化过程划分为若干个较小的计算时段,按时段进行水量平衡计算,其公式如下

$$\Delta W_{来} - \Delta W_{出} = (Q_{来} - Q_{出})\Delta t = \pm \Delta W \tag{5-8}$$

式中 $\Delta W_{来}$、$Q_{来}$——时段 $\Delta t$ 内入库水量($m^3$)和平均流量($m^3/s$);

$\Delta W_{出}$、$Q_{出}$——时段 $\Delta t$ 内出库水量($m^3$)和平均流量($m^3/s$);

$\Delta W$——时段 $\Delta t$ 内水库蓄水变量($m^3$),增加为正,减小为负。

时段出库水量包括各种兴利部门用水总量、水库损失水量,以及水库蓄满后产生的弃水量。此外,水库在时段内的蓄水变量可用水库容积增减值代替,则式(5-8)可写成

$$\Delta W_{来} - \Delta W_{用} - \Delta W_{损} - \Delta W_{弃} = \Delta W = \Delta V = V_{末} - V_{初} \tag{5-9}$$

式中 $V_{初}$、$V_{末}$——时段 $\Delta t$ 初、末的水库容积。

式(5-9)中的一些水量,往往随水库水位或引水水头的变化而变化,例如损失水量中的蒸发、渗漏损失和水电站的发电流量等。

对年调节水库 $\Delta t$ 可取长些,一般枯水期按月,丰水期按旬(或月)。选择时段过长,会使计算所得的调节库容或调节流量产生较大的误差,且较多地偏于不安全的一面。

### 4.2 年调节水库运行情况

水库在调节年度内进行充蓄、泄放的过程叫水库运用。蓄泄一次称为一次运用,蓄泄多次称为多次运用。根据来水和用水过程的不同,一年中水库的运用情况有以下几种。

#### 4.2.1 一次运用

图5-5中 $Q\sim t$、$q\sim t$ 分别代表水库天然来水和用水过程。水库一次运用即在一个调节年度内充蓄一次,泄放一次。当余水 $W_1$ 大于亏水 $W_2$ 时,$W_2$ 是唯一的亏水量(供水量),只要水库能够充蓄 $W_2$ 的水量,就能保证这一年的用水需要,故水库的兴利库容 $V_{兴} = W_2$。

### 4.2.2　二次运用

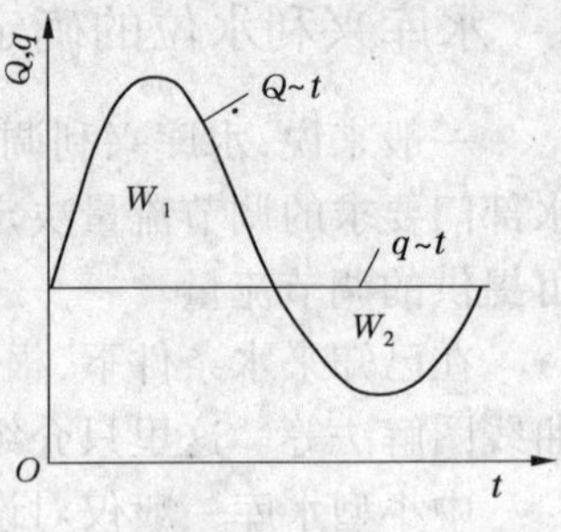


图 5-5　水库一次运用示意图

水库在一个调节年度内，充蓄两次、泄放两次称为二次运用，可分为三种情况：

第一种情况：如图 5-6(a)所示，经来、用水比较后，每次余水量都大于随后的不足水量，$W_1>W_2$，$W_3>W_4$。水库两次运用是独立的、互不影响的。因此，此时水库兴利库容应取两个不足水量中的较大者。因 $W_2>W_4$，故 $V_{兴}=W_2$。

第二种情况：如图 5-6(b)所示，$W_1>W_2$，$W_3<W_4$，而 $W_3<W_2$，要满足相应于 $W_4$ 时间的亏水量要求，就必须事先多存 $W_3$ 不能满足的那一部分水量($W_4-W_3$)，故水库兴利库容为 $V_{兴}=W_2+(W_4-W_3)$。

第三种情况：如图 5-6(c)所示，若 $W_1>W_2$，$W_3<W_4$，而 $W_3>W_2$，此时，$W_2+(W_4-W_3)<W_4$，故 $V_{兴}=W_4$。

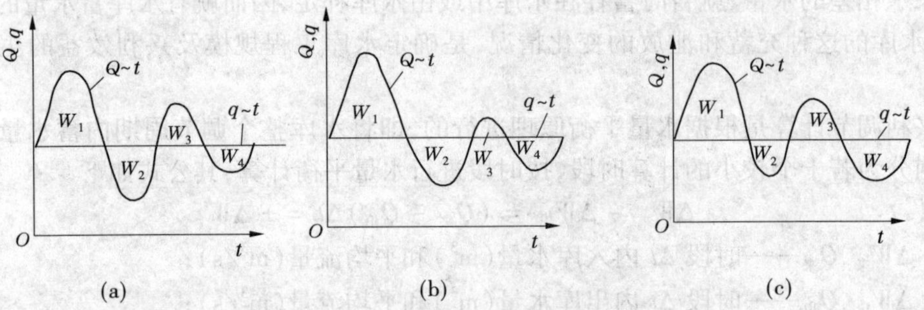


图 5-6　水库二次运用示意图

### 4.2.3　多次运用

水库在一个调节年度内，充蓄、泄放多于两次时，即为多次运用。此时，确定兴利库容可从空库($V_{兴}=0$)时刻起算，按顺时序或逆时序方法进行计算，分述如下：

逆时序计算：从 $V_{兴}=0$ 开始，逆时序累加($W_{来}-W_{用}$)值，遇亏水量相加，余水量相减，减后若小于零即取为零，这样可求出各时刻所需的蓄水量，其最大累加值即为兴利库容

$$V_{兴}=\sum(W_{来}-W_{用})_{最大} \tag{5-10}$$

顺时序计算：从 $V_{兴}=0$ 开始，顺时序累加($W_{来}-W_{用}$)值，遇余水相加，亏水量相减，经过一个调节年度又回到计算的起点，当 $\sum(W_{来}-W_{用})$ 不为零时，有余水量 $C$，则兴利库容

$$V_{兴}=\sum(W_{来}-W_{用})_{最大}-C \tag{5-11}$$

## 4.3　根据用水要求确定兴利库容

根据兴利用水要求确定水库必需的兴利库容是水库规划设计的重要内容之一。当用水量(调节流量)已知时，根据设计枯水年天然来水资料定出水库补充放水的起止时间，然后按水库的运用情况，即可求出所需的兴利库容。

年调节水库的调节周期为一年，调节计算时，首先确定水库兴利蓄水量为零的时刻，作为计算的起点。显然，兴利蓄水量为零即库空之时，应为供水期末。从库空之后水库转

为蓄水期。从水库开始蓄水到次年放空的周期,称为调节年或水利年,时间仍为12个月。

### 4.3.1 典型年法

首先按照前述方法,求出相应于设计保证率的设计年径流量和年内分配过程,作为水库代表年的来水过程,再列出相应的用水过程,根据兴利计算原理,列表逐时段计算,即可求出兴利库容。列表计算可以顺时序向前推算,也可逆时序向后推算,其计算公式如下:

顺时序向前推算

$$V_{月(旬)末} = V_{月(旬)初} + (W_{来} - W_{用}) \tag{5-12}$$

逆时序向后推算

$$V_{月(旬)初} = V_{月(旬)末} - (W_{来} - V_{用}) \tag{5-13}$$

式中 $V_{月(旬)初}$——时段$\Delta t$(月或旬)初的水库容积,$m^3$;

$V_{月(旬)末}$——时段$\Delta t$(月或旬)末的水库容积,$m^3$。

#### 4.3.1.1 不计损失的列表计算

由于不计损失,出库水量只包括各部门用水量,于是可以直接计算来水量与用水量的差值$W_{来}-W_{用}$,正值为多余水量,负值为不足水量。兴利库容的大小就取决于多余水量与不足水量的组合情况,现举例说明。

**【例5-3】** 南方某水库灌溉设计标准采用$P=80\%$,已知灌溉面积为3万亩,用水量分析计算成果填于表5-4第③栏。经水文分析计算出设计年来水量$W_P=1\ 895$万$m^3$,其年内分配列入表5-4第②栏,$V_{死}=84$万$m^3$。用不计损失列表计算,求水库的兴利库容和时段末的蓄水库容。

**解:**(1)比较来水量和用水量,即$W_{来}-W_{用}$,其差值得正时为多余水量,填入第④栏,得负时为亏水量,填入第⑤栏,从第④栏、⑤栏数值变化可以看出,有四次余水期和四次亏水期,属多次运用。

(2)求调节年的总来水量、总用水量和总余水量。灌溉期4~8月以旬为计算时段,非灌溉期以月为计算时段。第②、③栏的总和相减得总余水,$C=\sum②-\sum③$,即$C=1\ 895-1\ 649=246$(万$m^3$)。

(3)求时段累积余亏水量。起算点应放在供水期末,从第④、⑤栏对比来看,应放在8月末(9月初),此时水库蓄水量为零(空库),按式(5-12)顺时序累积填于第⑥栏,至8月下旬余水应为246万$m^3$,否则计算有误。

(4)求不计损失时的兴利库容。本例属多次运用,应用式(5-11)计算,第⑥栏最大值$\sum(W_{来}-W_{用})_{最大}=1\ 326$万$m^3$,弃水量(余水量)$C=246$万$m^3$,故兴利库容$V_{兴}=1\ 326-246=1\ 080$(万$m^3$)。第⑥栏括号内为逆时序计算成果,其最大值1 080万$m^3$即为兴利库容$V_{兴}$。

(5)求时段末蓄水库容:已知$V_{死}=84$万$m^3$、$V_{兴}=1\ 080$万$m^3$,则最大时段末蓄水库容$V_{死}+V_{兴}=1\ 164$万$m^3$,由8月末$V_{死}=84$万$m^3$起算,可以采用先蓄后弃的方式,则按式(5-12)顺时序计算,并以1 164万$m^3$为控制数,若大于1 164万$m^3$,多余水量作为弃水量,其计算结果填于第⑦栏和第⑧栏。以总弃水量$\sum⑧=C=246$万$m^3$校核。

**表 5-4　某水库不计损失的年调节库容计算**

| 时间 | | 来水量 $W_{来}$（万 $m^3$） | 用水量 $W_{用}$（万 $m^3$） | $W_{来}-W_{用}$（万 $m^3$） | | $\sum(W_{来}-W_{用})$（月末）（万 $m^3$） | 月（旬）末库容 $V$（万 $m^3$） | 弃水量 $C$（万 $m^3$） | 备注 |
|---|---|---|---|---|---|---|---|---|---|
| 月 | 旬 | | | + | − | | | | |
| ① | | ② | ③ | ④ | ⑤ | ⑥ | ⑦ | ⑧ | ⑨ |
| | | | | | | 1 084(838) | 1 164 | | |
| 1 | | 63 | | 63 | | 1 147(901) | 1 164 | 63 | |
| 2 | | 62 | | 62 | | 1 209(963) | 1 164 | 62 | |
| 3 | | 79 | | 79 | | 1 288(1 042) | 1 164 | 79 | |
| 4 | 上 | 38 | | 38 | | 1 326(1 080) | 1 164 | 38 | |
| | 中 | 57 | 181 | | 124 | 1 202(956) | 1 040 | | 供水 |
| | 下 | 41 | | 41 | | 1 243(997) | 1 081 | | 蓄水 |
| 5 | 上 | 102 | 104 | | 2 | 1 241(995) | 1 079 | | 供水 |
| | 中 | 51 | | 51 | | 1 292(1 046) | 1 130 | | 蓄水 |
| | 下 | 44 | 231 | | 187 | 1 105(859) | 943 | | 供水 |
| 6 | 上 | 34 | 93 | | 59 | 1 046(800) | 884 | | |
| | 中 | 23 | 254 | | 231 | 815(569) | 653 | | |
| | 下 | 60 | 136 | | 76 | 739(493) | 577 | | |
| 7 | 上 | 40 | 142 | | 102 | 637(391) | 475 | | |
| | 中 | 21 | 205 | | 184 | 453(207) | 291 | | |
| | 下 | 17 | 155 | | 138 | 315(69) | 153 | | |
| 8 | 上 | 21 | 32 | | 11 | 304(58) | 142 | | |
| | 中 | 38 | | 38 | | 342(96) | 180 | | 蓄水 |
| | 下 | 20 | 116 | | 96 | (246)(0) | 84 | | 供水 |
| 9 | | 360 | | 360 | | 360(114) | 444 | | 蓄水 |
| 10 | | 436 | | 436 | | 796(550) | 880 | | |
| 11 | | 203 | | 203 | | 999(753) | 1 083 | | |
| 12 | | 85 | | 85 | | 1 084(838) | 1 164 | 4 | 弃水 |
| 合计 | | 1 895 | 1 649 | 1 456 | 1 210 | | | 246 | |
| | | (246) | | (246) | | | | | |

本例求得的兴利库容，由于没有考虑水库的水量损失，只能作为进一步计入损失计算的依据。有些小型水库因无水库损失资料，可简化处理，在此兴利库容计算基础上加大10% ~15%作为计入水量损失所需兴利库容。

4.3.1.2 计入损失的列表计算

当水库蒸发、渗漏损失较大时，按不计损失计算求得的兴利库容偏小。计入损失的列表计算法是在不计损失列表计算基础上进行的。方法要点是：先不考虑损失近似求得各时段的蓄水库容，进而求出水库时段损失水量，将水库时段损失水量作为增加的用水量，重新进行调节计算，求得计入损失所需的兴利库容。当然，按照水量损失的本意，也可从来水量中扣除损失水量求出净来水量，再作调节计算求得。

计算方法同例5-3，水库特性曲线如图5-1所示。水库的蒸发损失分析成果见表5-1，库区水文地质条件较好，渗漏损失按时段蓄水库容的0.6%估算，把两项损失作为一个部门的用水量加入到表5-4中，再重复例5-3计算过程，即为计入损失的兴利库容及相应的正常蓄水位。

4.3.2 长系列法

根据实测的多年径流系列和用水系列，按前述年调节典型年列表计算法逐年进行调节计算，求出每年所需的兴利库容，再将所求的库容按由小到大的次序排列，计算经验频率，绘制年调节兴利库容与频率关系曲线，如图5-7所示。根据设计保证率在兴利库容与频率关系曲线上即可查出相应的年调节兴利库容 $V_{兴P}$。

长系列法直接把兴利库容进行频率分析，求出的 $V_{兴P}$ 反映来水和用水的综合情况，概念明确，并适应各种复杂用水情况，因此在生产中得到广泛应用，只是计算量较大。

在规划设计阶段，由于某些制约因素的限制，先要确定一定大小的兴利库容，进而研究能将天然枯水径流调节到何等程度。为此，针对所拟订的诸方案分别推算出供水期的调节流量值，从而分析每个方案的效益，为选定较优方案提供依据。

在解决这类问题时，由于调节流量是未知值，难以确定蓄水期和供水期。此时可先假设若干个供水期调节流量方案，对每个方案采用本节前述方法求出所需兴利库容，然后点绘成图5-8所示的调节流量与兴利库容关系曲线，在该曲线上根据给定的兴利库容 $V_{兴}$，即可查出所求的供水期调节流量 $Q_{调}$。

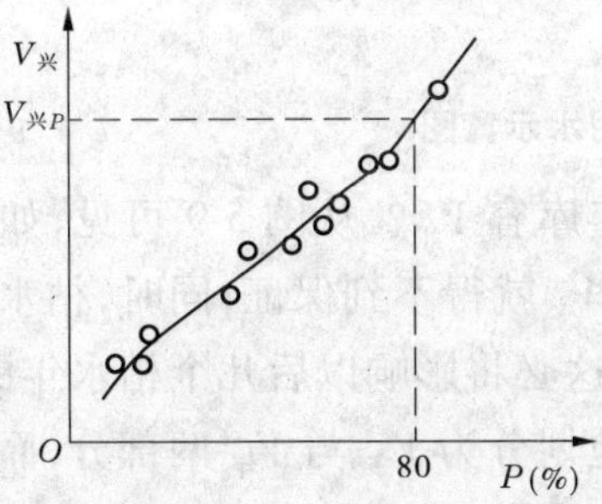


图5-7 兴利库容与频率关系曲线

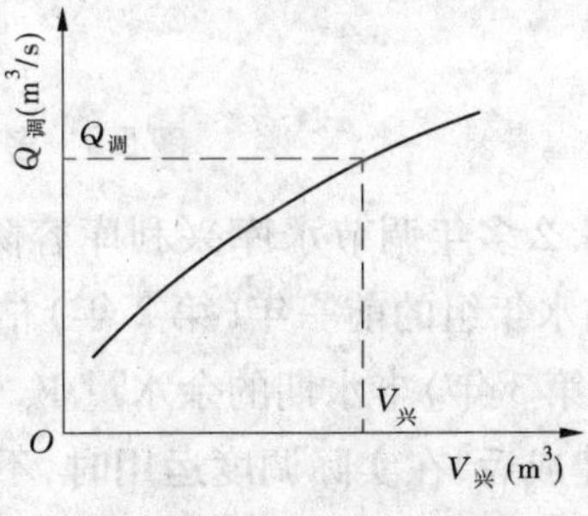


图5-8 调节流量与兴利库容关系曲线

## 任务3 多年调节水库兴利调节计算

为了充分利用水资源，当用水量超过了设计枯水年的年来水量时，年调节水库就不能满足兴利的需要。因此，就必须增大兴利库容，以便将丰水或丰水年组的余水量蓄存起来，满足枯水年或枯水年组缺水量的要求。这种跨年度的调节，称为水库的多年调节。

多年调节数理统计法的具体计算方法很多，这里介绍一种将多年调节水库的兴利库容视为由两部分组成，并分别计算的方法。

如图 5-9(a) 所示，第 1、2 年的余水量 $V_1$、$V_3$ 都超过了缺水量 $V_2$、$V_4$，为丰水年组。第 3、4、5 年的余水量 $V_5$、$V_7$、$V_9$ 都小于当年缺水量 $V_6$、$V_8$、$V_{10}$，为枯水年组。从图 5-9(b) 可以看出，水库从死水位开始，将丰水年的余水量蓄存于水库，达到正常蓄水位，在枯水年组的第 3 ~ 5 年用完，又降到死水位。水库水位循环一次，历时 5 年。水库调节年际之间来水与用水矛盾所需的库容为多年库容 $V_{多}$；而调节年内来水与用水矛盾所需的库容为年库容 $V_{年}$，则多年调节所需的兴利库容为

$$V_{兴} = V_{多} + V_{年} \tag{5-14}$$

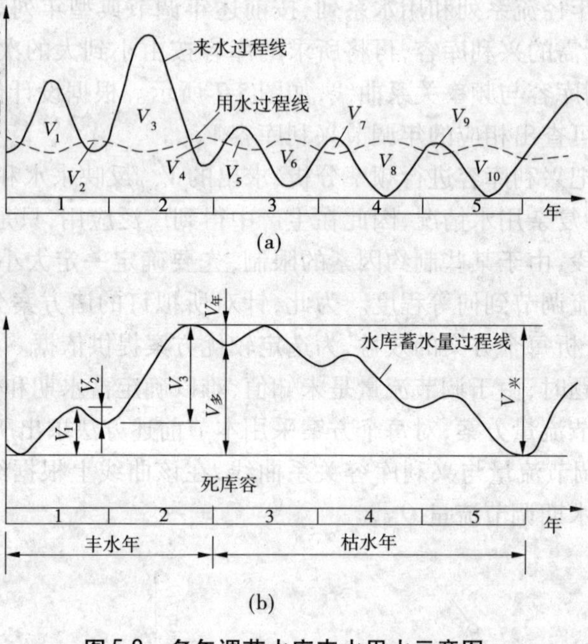


**图 5-9　多年调节水库来水用水示意图**

为什么多年调节水库兴利库容除 $V_{多}$ 外，还要年库容 $V_{年}$？从图 5-9 可见，如果没有 $V_{年}$，则枯水年组的前一年（第 2 年）枯水期的缺水量 $V_4$ 就得不到保证；同时，枯水年组的第一年（第 3 年）丰水期的余水量 $V_5$ 也不能蓄起来，这必将影响以后几个枯水年的供水。但水库建成后，在实际调度运用时，不能将 $V_{兴}$ 硬性地划分为 $V_{多}$ 与 $V_{年}$ 两部分，而是根据来水与用水情况统一调度。在实际工作时，用数理统计法只能计算多年库容 $V_{多}$，而年库容 $V_{年}$ 则常用时历列表法单独计算。

## 1　多年库容的计算

数理统计法是先对数理统计进行处理而后调节计算，即先利用天然来水多年变化的统计规律对来水进行数理统计概括，然后进行调节计算。由于径流变化的频率曲线可概

化为几个统计参数，如年径流的多年平均值、变差系数 $C_v$ 和偏态系数 $C_s$，如果在水库水量平衡调节计算中采用一套无因次的相对系数，如调节系数 $\alpha$、库容系数 $\beta_{多}$、模比系数 $K_i(K_i = W_{来i}/\overline{W})$ 分别表示用水量、库容和来水量，并对调节计算成果加以综合，编制出一套不同保证率 $P$ 时的 $\alpha$、$\beta_{多}$ 与 $C_v$ 三者之间的关系曲线图，这就是多年调节计算中常用的普列什柯夫线解图，如图 5-10 所示。

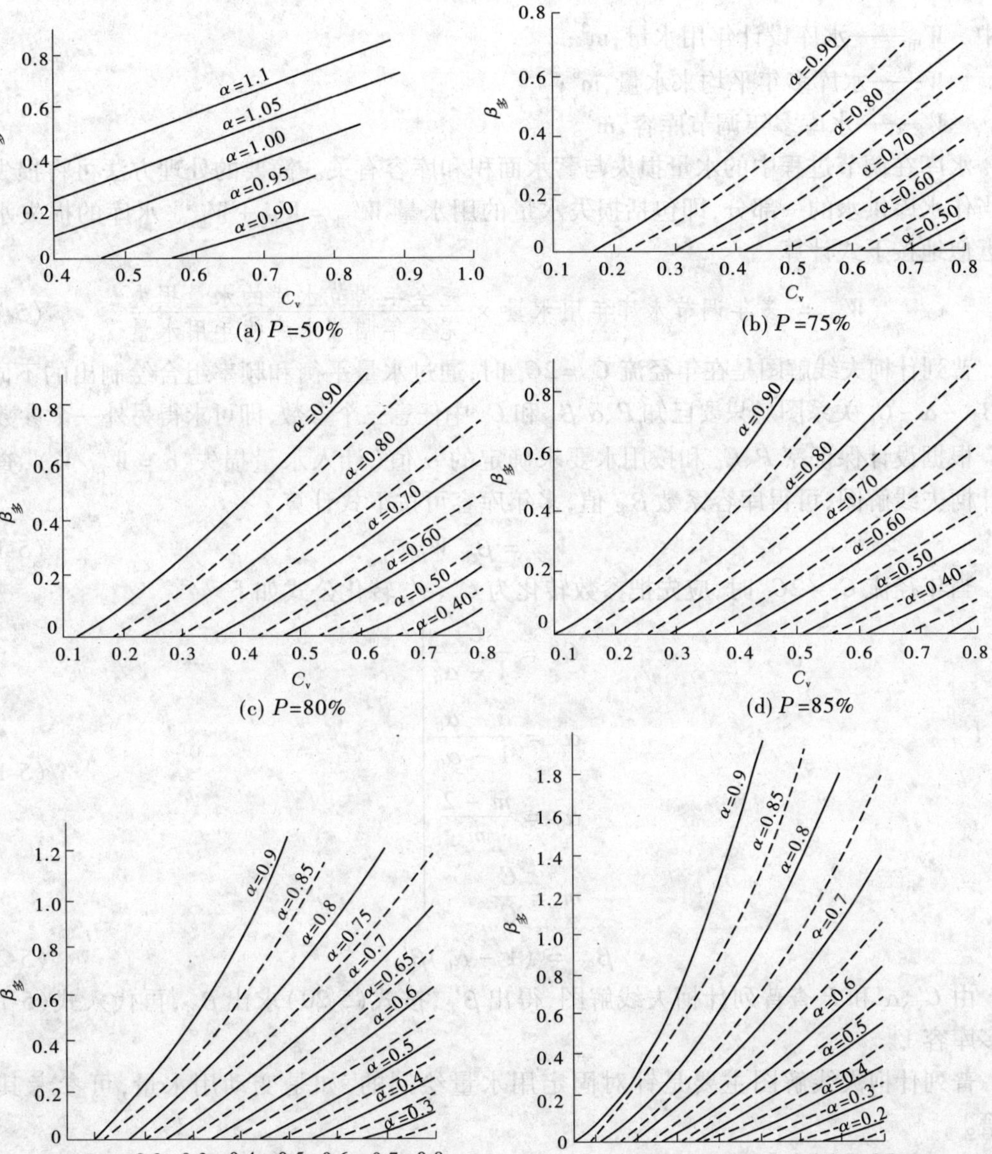


**图 5-10　普列什柯夫线解图（$C_s = 2C_v$）**

数理统计法计算多年库容所采用的相对系数调节系数 $\alpha$ 和库容系数 $\beta_{多}$，计算公式如下

$$\alpha = \frac{W_{用}}{\overline{W}} \tag{5-15}$$

$$\beta_{多} = \frac{V_{多}}{\overline{W}} \tag{5-16}$$

式中 $W_{用}$——水库设计年用水量，$m^3$；

$\overline{W}$——水库多年平均来水量，$m^3$；

$V_{多}$——水库多年调节库容，$m^3$。

水库在调节过程中的水量损失与蓄水面积和库容有关。简要的处理方法可将损失水量当作水库供水的一部分，即包括损失水量的用水量 $W'_{用} = W_{用} + W_{损}$。水库的损失水量可近似地按下式计算

$$W_{损} = 多年调节水库年用水量 \times \frac{完全年调节水库的水量损失}{完全年调节水库的年用水量} \tag{5-17}$$

普列什柯夫线解图是在年径流 $C_s = 2C_v$ 时，通过水量平衡和频率组合绘制出的不同 $P$ 的 $\beta_{多} \sim \alpha \sim C_v$ 关系图。只要已知 $P$、$\alpha$、$\beta_{多}$ 和 $C_v$ 中任意三个参数，即可求得另外一个参数。

根据设计保证率 $P$、$C_v$ 和按用水要求确定的 $\alpha$ 值（计入水量损失，$\alpha = W'_{用}/\overline{W}$），查普列什柯夫线解图，可得库容系数 $\beta_{多}$ 值，多年库容可按下式计算

$$V_{多} = \beta_{多} \overline{W} \tag{5-18}$$

当年径流 $C_s \neq 2C_v$ 时，应先把参数转化为 $C'_v$、$\alpha'$，转化公式如下

$$\left.\begin{aligned} C'_v &= \frac{C_v}{1-\alpha_0} \\ \alpha' &= \frac{\alpha-\alpha_0}{1-\alpha_0} \\ \alpha_0 &= \frac{m-2}{m} \\ m &= \frac{C_s}{C_v} \end{aligned}\right\} \tag{5-19}$$

$$\beta_{多} = (1-\alpha_0)\beta'_{多} \tag{5-20}$$

由 $C'_v$、$\alpha'$ 和 $P$ 查普列什柯夫线解图，得出 $\beta'_{多}$，按式(5-20)求出 $\beta_{多}$，再代入式(5-18)求多库容 $V_{多}$。

普列什柯夫线解图主要是针对固定用水量绘制的，如是变动用水量，可参考其他书籍。

## 2 年库容的计算

计算多年库容 $V_{多}$ 所用的普列什柯夫线解图，是以年水量为统计单位，按水量平衡原理，通过频率组合计算绘制而成的。它并未考虑年内水量分配的不均匀性，故求得 $V_{多}$ 之外，还要计算年库容，以调节年内来水和用水的矛盾。

年库容的计算方法与年调节相同。由图5-9可以看出,多年调节水库的年库容是由连续枯水年组前一年的水文情况所决定的。很明显,在选择计算年时,若年来水量小于$W_{用}$($K_i<\alpha$),则说明该年属于连续枯水年组之一,需要多年库容补充不足水量;若选用年来水量比$W_{用}$大得较多($K_i>\alpha$),则属于丰水年,其枯水期来水量也大,来水和用水矛盾较小,用它计算所得库容较小,有可能因年库容不足而造成正常供水中断,以致满足不了设计保证率的要求。所以,考虑到不利的情况,常采用设计年来水量等于用水量$W_{用}$($K_i=\alpha$)的年份来决定年库容较为合适。确定设计年的年内分配也十分重要,因为它直接关系到年库容的大小。

一般认为,天然来水选用多年平均情况下的年内分配来计算年库容是较为合理的。设计年用水量$W_{用}$(计入损失水量则采用$W'_{用}$)的年内用水分配,同样选用多年平均情况下的年内用水分配比;缺乏资料时,可用中水年(或接近中水年)的用水分配比。根据所求的设计年来水量与用水量,列表进行完全年调节计算,所得库容就是年库容$V_{年}$。

**【例5-4】** 资料同例5-3,远景规划要求水库灌区的设计灌溉面积为4万亩,全年用水量按比例增加得1 649×(4/3)=2 199(万$m^3$),假定年用水量各年变化不大,可应用普列什柯夫线解图求解。超过相应于设计保证率的天然来水量$W_P$=1 895万$m^3$,已知年径流为3 010万$m^3$,$C_v=0.42$、$C_s=2C_v$。推求水库多年调节所需的兴利库容和相应的正常蓄水位。

**解**:(1)计算多年调节水库的水量损失。由计入损失法计算得知全年弃水量为4万$m^3$,可以看作完全年调节,其年用水量为1 649万$m^3$,水库的年损失水量为242万$m^3$,用式(5-17)求得$W_{损}$=2 199×242/1 649=323(万$m^3$)。

(2)计算多年库容。由于$W'_{用}=W_{用}+W_{损}$=2 199+323=2 522(万$m^3$),故调节系数$\alpha$=2 522/3 010=0.84,根据$P=80\%$、$C_v=0.42$和$\alpha=0.84$查图5-10得库容系数$\beta_{多}$=0.34,用式(5-18)计算多年库容$V_{多}$=0.34×3 010=1 023(万$m^3$)。

(3)计算年库容。年来水总量$W_{来}=W'_{用}$=2 522万$m^3$,年内分配选择本地区接近多年平均情况的中水年为典型年,其月、旬水量分配比列入表5-5中第②栏,用2 522×②栏的分配比,得各月、旬的来水量,填入第③栏,并用∑③=2 522万$m^3$验算。

水库的年水量损失近似地按实际分配,即水库的蒸发损失分析成果见表5-1,库区水文地质条件较好,渗漏损失按时段蓄水库容的0.6%估算。

水库年灌溉用水量$W_{用}$=2 199万$m^3$,其年内分配采用多年平均的年内分配比(未列出),两者相乘结果列入第⑤栏,用∑⑤=2 199万$m^3$验算。④栏+⑤栏=⑥栏,用∑⑥=∑③=2 522万$m^3$验算。

⑨栏的计算:供水期末应为7月末,从零开始起调,顺时序计算得$\sum(W_{来}-W'_{用})_{最大}$=1 650万$m^3$,当回到7月末时为零。因按完全年调节,弃水$C=0$,否则有误。因此,年库容$V_{年}$=1 650万$m^3$。

(4)求兴利库容及正常蓄水位。兴利库容$V_{兴}=V_{多}+V_{年}$=1 023+1 650=2 673(万$m^3$)。

由$V_{死}+V_{兴}$=84+2 673=2 757(万$m^3$),查水库库容曲线(见图5-1),得相应的正常蓄水位为63.38 m。

表 5-5　多年调节水库的年库容计算

| 时间 | | 来水量 $W_{来}$ | | 用水量 $W'_{用}$（万 $m^3$） | | | $(W_{来}-W'_{用})$（月末）（万 $m^3$） | | $\sum(W_{来}-W'_{用})$（月末）（万 $m^3$） |
|---|---|---|---|---|---|---|---|---|---|
| 月 | 旬 | 比例（%） | 水量（万 $m^3$） | 损失 | 灌溉 | 合计 | + | − | |
| ① | | ② | ③ | ④ | ⑤ | ⑥ | ⑦ | ⑧ | ⑨ |
| | | | | | | | | | 1 457 |
| 1 | | 2.3 | 58 | 17 | | 17 | 41 | | 1 498 |
| 2 | | 2.7 | 68 | 19 | | 19 | 49 | | 1 547 |
| 3 | | 4.6 | 116 | 27 | | 27 | 89 | | 1 636 |
| 4 | 上 | 1.2 | 30 | 16 | | 16 | 14 | | 1 650 |
| | 中 | 1.8 | 46 | 16 | 246 | 262 | | 216 | 1 434 |
| | 下 | 1.0 | 25 | 15 | | 15 | 10 | | 1 444 |
| 5 | 上 | 1.4 | 35 | 17 | 161 | 178 | | 143 | 1 301 |
| | 中 | 3.0 | 76 | 19 | 24 | 43 | 33 | | 1 334 |
| | 下 | 1.7 | 43 | 19 | 356 | 375 | | 332 | 1 002 |
| 6 | 上 | 1.5 | 38 | 17 | 162 | 179 | | 141 | 861 |
| | 中 | 1.2 | 30 | 16 | 425 | 441 | | 411 | 450 |
| | 下 | 2.0 | 51 | 15 | 232 | 247 | | 196 | 254 |
| 7 | 上 | 1.6 | 40 | 11 | 160 | 171 | | 131 | 123 |
| | 中 | 6.0 | 151 | 9 | 139 | 148 | 3 | | 126 |
| | 下 | 3.0 | 76 | 7 | 195 | 202 | | 126 | 0 |
| 8 | 上 | 4.4 | 111 | 5 | 18 | 23 | 88 | | 88 |
| | 中 | 10.0 | 252 | 5 | | 5 | 247 | | 335 |
| | 下 | 6.0 | 151 | 5 | 81 | 86 | 65 | | 400 |
| 9 | | 23.0 | 580 | 13 | | 13 | 567 | | 967 |
| 10 | | 13.8 | 348 | 19 | | 19 | 329 | | 1 296 |
| 11 | | 5.5 | 139 | 19 | | 19 | 120 | | 1 416 |
| 12 | | 2.3 | 58 | 17 | | 17 | 41 | | 1 457 |
| 总计 | | 100 | 2 522 | 323 | 2 199 | 2 522 | 1 696 | 1 696 | |

# 思考题

5-1　兴利调节计算的原理是什么？

5-2　列表试算法的方法和步骤是什么？

5-3　年调节水库兴利库容调节计算方法有哪些？

5-4　水库水量损失包括哪些？如何计算水库的蒸发损失？

5-5　水库的特征水位和特征库容都有哪些？其含义各是什么？

5-6　什么叫径流调节？径流调节分哪两类？兴利调节又分为哪几类？

# 项目6 水库防洪调节计算

## 任务1 水库的防洪作用

水库的防洪作用,在于对入库洪水的滞蓄,使出库洪水过程变得平缓,洪水历时拉长,洪峰流量减小。而影响水库洪水调节的因素主要是入库洪水、泄流建筑物类型与尺寸,以及汛期水库的控制运用方式和下游的防洪要求。若泄洪建筑物尺寸减小,同一水库水位的下泄量也将减小,所需调洪库容则将加大。因此,入库洪水、泄流建筑物类型与尺寸、调洪方式和调洪库容之间是相互关联、相互影响的。水库防洪调节计算,就是要定量地分析计算它们之间的关系。

### 1 防洪设计标准

防洪的意义主要在于防止某一防洪标准下的洪水灾害和减少超标准洪水的洪灾损失。防洪标准一般包括防洪保护对象的防洪标准和水工建筑物的防洪设计标准,它是衡量防洪措施、防洪能力和防御洪水水平的标准。它们都是以采取某项防洪措施后,下游防护对象和防洪工程自身能够防御多少年一遇的洪水来表示的。保护对象的防洪标准决定着防洪措施的规模和投资,也决定着防护地区的防洪安全程度和防洪的社会经济效果。而水工建筑物的防洪设计标准决定着工程自身能够承受稀遇洪水的安全可靠程度。

水工建筑物的设计标准取决于建筑物的等级,并分为正常运用和非常运用两种情况。防洪设计标准拟定后,就可据此确定相应的设计洪水,作为调洪计算的对象,并通过调洪计算确定水库的设计与校核洪水位、水库坝顶高程与溢洪道尺寸等。

防护对象的防洪标准,应按防护对象的重要性、历史洪水灾害情况、工程的防洪能力及政治经济影响等因素,通过分析论证后拟定。现行规范给出的防洪标准见表6-1。

若水库承担下游防洪任务,除要考虑保证水工建筑物自身安全的防洪标准外,还应保证当防护对象的防洪标准洪水发生时,经过水库的调洪,使通过下游河道的最大流量不超过河道的允许泄量或控制水位。一般水工建筑物的防洪设计标准高于防护对象的防洪标准。因为一旦大坝失事,会造成比天然洪水更大的溃坝洪水,后果严重。

为了使水库自身的水工建筑物和下游防护地区能防御相应标准的洪水,要求水库有防洪设施,即设计一定的防洪库容和泄洪建筑物,使洪水经过调节后,安全通过溢洪道。在洪水不大于防护对象的防洪标准时,还要求下泄流量不超过防护河段的允许泄量,以保证下游防护对象的安全。河道的允许泄量是指防护河段允许通过而不发生泛滥的最大流量。

表 6-1　防护对象的防洪标准

| 等级 | 城市 | | | 乡村 | | | 工矿企业 | |
|---|---|---|---|---|---|---|---|---|
| | 重要性 | 非农业人口（万人） | 防洪标准（重现期（年）） | 防护区人口（万人） | 保护耕地面积（万亩） | 防洪标准（重现期（年）） | 工矿企业规模 | 防洪标准（重现期（年）） |
| Ⅰ | 特别重要 | ≥150 | ≥200 | ≥150 | ≥300 | 100 ~ 50 | 特大型 | 200 ~ 100 |
| Ⅱ | 重要 | 150 ~ 50 | 200 ~ 100 | 150 ~ 50 | 300 ~ 100 | 50 ~ 30 | 大型 | 100 ~ 50 |
| Ⅲ | 中等 | 50 ~ 20 | 100 ~ 50 | 50 ~ 20 | 100 ~ 30 | 30 ~ 20 | 中型 | 50 ~ 20 |
| Ⅳ | 一般城镇 | ≤20 | 50 ~ 20 | ≤20 | ≤30 | 20 ~ 10 | 小型 | 20 ~ 10 |

## 2　水库防洪计算的任务与内容

水库泄洪建筑物可分为表面式溢洪道和深水泄水洞（或泄洪隧洞）。溢洪道又可分为无闸门控制和有闸门控制两类。对于无闸门控制溢洪道，水库的泄流方式属于自由溢流；对于有闸门控制的溢洪道和泄水底孔（或泄洪隧洞），其泄流方式可进行人为的控制。

在防洪计算时，通常初步拟定泄流方式，这需要根据洪水特性、水库安全、闸门启闭设备，以及技术经济条件等综合考虑加以论证确定。泄洪建筑物型式的选择必须综合考虑水利枢纽的地形条件、地质条件、水库大坝类型、综合利用要求以及利用洪水预报进行泄洪的可能性等条件，最终选定时也必须进行技术经济比较论证。

水库防洪计算的任务，主要是对各种拟订的方案，通过调洪计算求得最大下泄流量、调洪库容和最高洪水位等技术参数，为技术经济论证和选择最佳方案提供依据。

水库防洪计算的内容，主要包括以下几点：

（1）根据库区地形、地质等条件，分析洪水特性及灾害情况，考虑兴利库容与调洪（防洪）库容结合的可能和程度，拟订若干个泄流建筑物型式、位置、尺寸，以及汛期运用方式的方案。

（2）对各方案进行调洪计算，求得每个方案相应于各种设计洪水的最大下泄流量、调洪库容和最高洪水位。

（3）计算各方案的大坝造价、淹没损失、泄流建筑物投资、下游堤防造价、经济指标，进行技术经济分析与比较，选择最佳方案。

由于无闸门控制溢洪道和有闸门控制溢洪道的泄流方式不同，承担的防洪任务也有区别。本章就这两类溢洪道的不同特点，进行水库防洪计算的论述。

## 3　水库调洪计算的基本方程

水库的蓄泄过程受水流的连续方程和运动方程（也称为能量方程）支配。连续方程用水库水量平衡方程表示，运动方程可由水库蓄泄方程（蓄泄曲线）来表示。调洪计算就是从起调开始，逐时段联立求解这两个方程，求出各时段的下泄流量和水库蓄水量。

### 3.1　水库水量平衡方程

在某计算时段 $\Delta t$ 内，进入水库的水量与水库下泄水量之差，应等于该时段内水库蓄

水量的变化。因此,水量平衡方程为

$$\frac{Q_1 + Q_2}{2}\Delta t - \frac{q_1 + q_2}{2}\Delta t = V_2 - V_1 \tag{6-1}$$

式中 $Q_1$、$Q_2$——时段 $\Delta t$ 始、末的入库流量,$m^3/s$;

$q_1$、$q_2$——时段 $\Delta t$ 始、末的出库流量,$m^3/s$;

$V_1$、$V_2$——时段 $\Delta t$ 始、末的水库蓄水量,$m^3$;

$\Delta t$——计算时段,其长短可根据精度要求,视入库洪水过程的变化情况而定。

计算时段,一般陡涨陡落的应取短些,变化平缓的可取长些;要求精度高的取短些,反之,取长些。

### 3.2 水库蓄泄方程或水库蓄泄曲线

水库蓄泄方程一般是指水库蓄水量与水库下泄流量之间的关系方程。水库通过溢洪道泄洪,其泄流量大小,在溢洪道型式、尺寸一定的情况下,取决于堰顶水头 $H$,即 $q = f(H)$。对于无闸或闸门全开的表面式溢洪道,下泄流量可按堰流公式计算;深水泄洪洞的下泄流量可按有压管出流公式计算。若水库内水面坡降较小,流速水头可忽略不计,泄流水头 $H$ 只是库中蓄水量 $V$ 的函数,即 $H = f(V)$,故下泄流量 $q$ 也是蓄水量 $V$ 的函数,即

$$q = f(H) \tag{6-2}$$

式(6-2)也可表示为

$$q = f(V) \tag{6-3}$$

式(6-3)就是只考虑静库容时水库的蓄泄方程,也称蓄泄曲线。该曲线由静库容曲线和泄流计算公式综合而成。

对于狭长的河川式水库,在通过洪水流量时,由于回水的影响,水面常呈现明显的坡降。在这种情况下,按静库容曲线进行调洪计算常带来较大的误差,因此为了满足成果精度的要求,考虑动库容影响时,式(6-3)中的 $V$ 应为动库容与静库容之和,即总库容。

## 任务2 有闸门控制的水库防洪调节计算

为多目标服务的综合利用水库,溢洪道往往都设有闸门控制。在有闸门控制的情况下,为同样满足下游防洪要求所需的防洪库容要比无闸门的小,如图6-1(a)所示。而当防洪库容相同时,有闸门控制的最大下泄量也可以较小些,如图6-1(b)所示。溢洪道设置闸门,还为下游避免区间洪水与上游洪水遭遇创造了条件,有利于下游的防洪。同时,也为水库兴利库容与防洪库容的结合提供了可能。此外,还便于考虑洪水预报,提前预泄腾出库容。

### 1 拟订方案

溢洪道有闸门控制时,由于组合的因素中除溢洪道宽度外,还有堰顶高程、汛限水位等,因而防洪水利计算的方案有多个。在拟订方案时,闸门顶高程因正常蓄水位已知而已确定。堰顶高程则应结合闸门高度的选定和溢洪道附近地形、地质条件情况拟订几个比较方案。对于汛限水位,当兴利库容与防洪库容部分结合时,可在正常蓄水位与堰顶高程之间,根据洪水特性与防洪、兴利要求拟订。

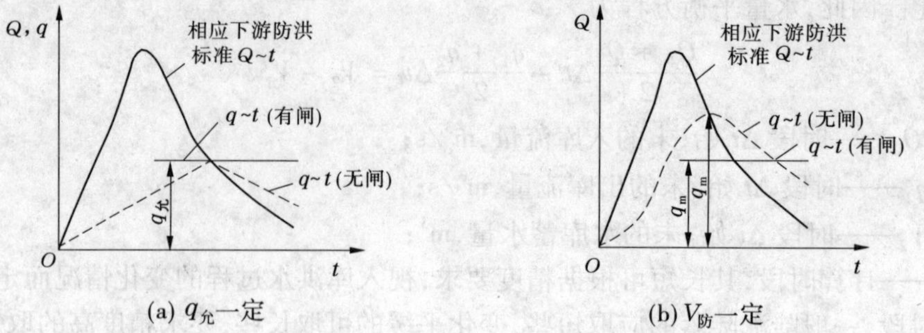


图 6-1　溢洪道有无闸门控制时调洪情况比较

## 2　确定汛期控制运用方式

溢洪道设有闸门，下泄流量可以受闸门控制，当闸门全开时为自由泄流，当闸门部分开启时为控制泄流。因此，必须事先确定汛期的控制运用规则与方式，才能进行调洪计算。

水库汛期的控制运用方式，随水库的具体情况和承担的任务不同而异。当水库不考虑洪水预报，以水库水位作为入库洪水的判别条件时，汛期的控制运用方式是自由泄流与控制固定泄流相结合，并以水库水位作为改变泄流量的依据。即当洪水入库时，为调洪初始阶段，为保证一定的兴利蓄水，闸门渐开，控制泄流等于入流，保持库水位不变。直到入流大于汛限水位所对应的闸门全开的泄流量时，库水位开始上升。此后，闸门已全开，转入自由泄流。至泄量达到下游安全泄量时，再渐关闸门，控制固定泄流，即保持泄流等于安全泄量，以保证下游防洪，在此时间段内，由于入流持续大于泄流，水库水位还是不断上升的。当入库洪水是相应下游防洪标准的洪水时，水库达到的最高水位即为防洪高水位。相应下游防洪标准的洪水的泄流过程可参见图 6-2。

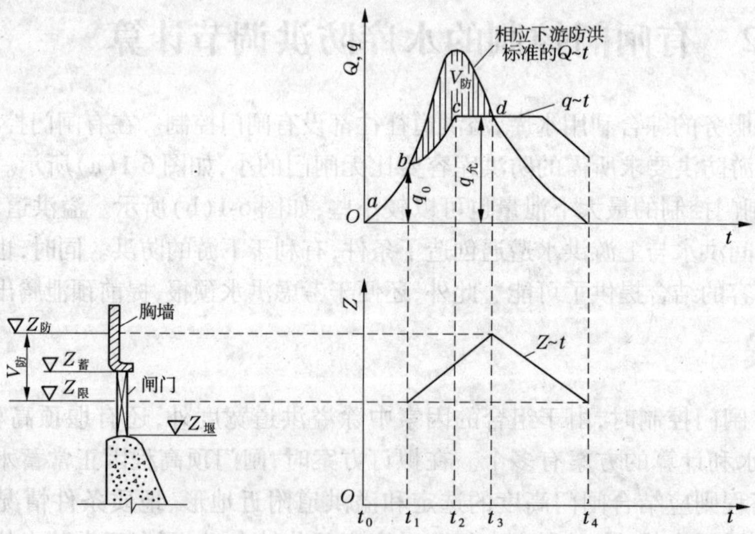


图 6-2　有闸门控制的溢洪道调洪作用示意图

如果入库洪水的标准超过了下游防洪标推，水库的控制运用过程在水库水位达到防洪高水位之前与上述过程完全相同。控制泄流等于入流的时间，截止在水库水位达到防洪高水位时。当水库水位达到防洪高水位，后续入库流量仍大于安全泄量，或库水位仍继续上涨时，说明该次洪水超过了下游防洪标准，不能再保证下游防洪安全，而应主要保证大坝本身安全，故闸门全部打开，转入自由泄流。当入库洪水是相应于枢纽设计洪水时，所达到的最高库水位即为设计洪水位。整个泄流过程可参见图6-3。

如果入库洪水很大，水库水位超过了设计洪水位，达到了启用非常泄洪设施的水位时，水库即进入非常运用阶段，非常泄洪设施投入运用。此后，水库正常泄洪设施与非常泄洪设施全力敞泄，确保水库枢纽安全。当入库洪水是相应于水库枢纽校核洪水时，则最高库水位即为校核洪水位。整个泄流过程可参见图6-4。

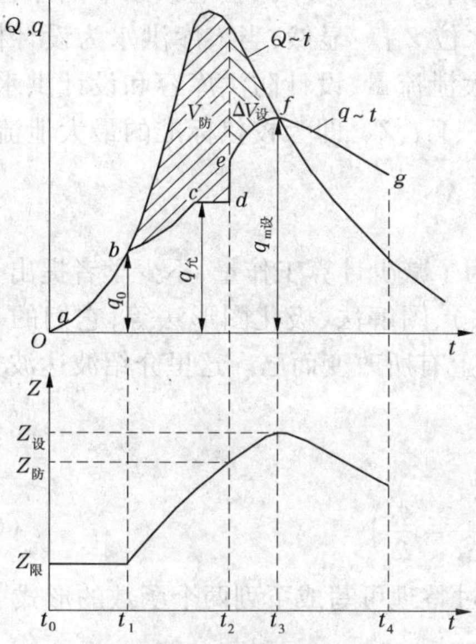

图6-3　设闸门时调洪方式(一)

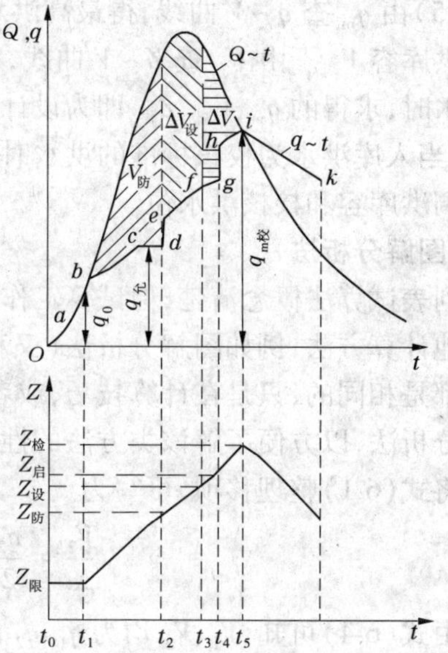

图6-4　设闸门时调洪方式(二)

## 3　进行调洪计算

对某一拟订的溢洪道宽度、堰顶高程和汛限水位方案，以及确定的调洪运用方式，对水库枢纽设计洪水和校核洪水进行调洪计算，即可得到各种方案相应的防洪库容、设计调洪库容($V_{设} = V_{防} + \Delta V_{设}$，$\Delta V_{设}$ 为水库调节枢纽设计洪水时在防洪库容以上需增加的库容)、校核调洪库容($V_{校} = V_{防} + \Delta V_{设} + \Delta V$，$\Delta V$ 为水库调节枢纽校核洪水时在设计调洪库容以上需增加的库容)，以及防洪高水位、设计洪水位和校核洪水位。

常用调洪计算的方法有列表试算法和图解分析法。

### 3.1　列表试算法

这种方法通过列表试算逐时段联立求解水量平衡方程和蓄泄方程，以求得水库的下泄流量过程线，其计算步骤如下：

(1)根据库区地形资料，绘制水库水位容积关系曲线 $Z \sim V$，并根据既定的泄洪建筑物的型式和尺寸，由相应的水力学出流计算公式求得 $q \sim V$ 曲线。

(2)从第一时段开始调洪，由起调水位(汛前水位)查 $Z \sim V$ 及 $q \sim V$ 关系曲线得到水量平衡方程中的 $V_1$ 和 $q_1$；由已知的入库洪水过程线 $Q(t)$ 查得 $Q_1$、$Q_2$；然后假设一个 $q_2$ 值，根据水量平衡方程算得相应的 $V_2$ 值，由 $V_2$ 在 $q \sim V$ 曲线上查得 $q_2$，若二者相等，$q_2$ 即为所求；否则，应重新设定 $q_2$，重复上述计算过程，直到二者相等。

(3)将上时段末的 $q_2$、$V_2$ 作为下一时段的起始条件，重复上述试算过程，最后即可得出水库下泄流量过程线 $q(t)$。

(4)将入库洪水 $Q(t)$ 和计算的 $q(t)$ 两条曲线点绘在一张图上，若计算求得的最大下泄流量 $q_m$ 正好是两线的交点，说明计算的 $q_m$ 是正确的；否则，计算的 $q_m$ 有误差，应改变时段 $\Delta t$ 重新进行试算，直至计算的 $q_m$ 正好位于两线的交点。

(5)由 $q_m$ 查 $q \sim V$ 曲线，得最高洪水位时的总库容 $V_m$，从中减去堰顶以下的库容，得到调洪库容 $V_{调}$。由 $V_m$ 查 $Z \sim V$ 曲线，得最高洪水位 $Z_{洪}$。显然，当入库洪水为设计标准的洪水时，求得的 $q_m$、$V_{调}$、$Z_{洪}$ 即为设计标准的最大泄流量、设计防洪库容和设计洪水位。同理，当入库洪水为校核标准的洪水时，求得的 $q_m$、$V_{调}$、$Z_{洪}$ 即为校核标准的最大泄流量、校核调洪库容和校核洪水位。

### 3.2 图解分析法

列表试算法概念清楚，但试算工作量较大。为了减少计算工作量，不少学者提出了许多其他计算方法，例如图解分析法(又称半图解法)、图解法、极化图形法等，它们的基本原理都是相同的，只是在计算技巧，或者公式形式上有所改变而已。这里介绍波达波夫的图解分析法，以方便了解该类方法的性质。

将式(6-1)整理移项，可写为

$$\frac{V_2}{\Delta t} + \frac{q_2}{2} = \overline{Q} + \left(\frac{V_1}{\Delta t} - \frac{q_1}{2}\right) \tag{6-4}$$

由式(6-4)可知，$V_1$、$V_2$ 均为 $q_1$、$q_2$ 的函数，通过整理可写成下列两个函数的形式

$$\varphi(q) = f\left(\frac{V}{\Delta t} - \frac{q}{2}\right) \tag{6-5}$$

$$f(q) = f\left(\frac{V}{\Delta t} + \frac{q}{2}\right) \tag{6-6}$$

$\overline{Q}$ 为时段 $\Delta t$ 内已知的入库平均流量。因此，只要计算出式(6-4)右端的数值，就可以利用左端的函数关系确定 $q_2$ 的值，连续计算下去就可以得到每一时刻的下泄流量。

在计算前可先根据既定的泄洪建筑物的型式和尺寸、库容曲线及计算时段 $\Delta t$，列表绘出与式(6-5)、式(6-6)两个函数式相应的辅助曲线(见图 6-5)，辅助计算表格的形式如表 6-2 所示。

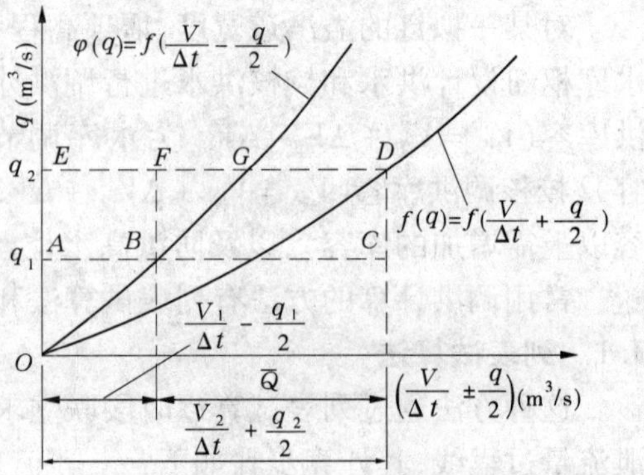


图 6-5 图解分析法辅助曲线

表6-2 $q\sim\left(\frac{V}{\Delta t}\pm\frac{q}{2}\right)$辅助曲线计算

| $Z$(m) | $H$ (m) | $V$ ($\times10^6$ m$^3$) | $\frac{V}{\Delta t}$ ($\times10^3$ m$^3$/s) | $q$ (m$^3$/s) | $\frac{q}{2}$ (m$^3$/s) | $\frac{V}{\Delta t}+\frac{q}{2}$ ($\times10^3$ m$^3$/s) | $\frac{V}{\Delta t}-\frac{q}{2}$ ($\times10^3$ m$^3$/s) |
|---|---|---|---|---|---|---|---|
| (1) | (2) | (3) | (4) | (5) | (6) | (7) | (8) |
| | | | | | | | |

作好上述辅助曲线后,即可按下列步骤进行图解计算。

(1)根据第一时段初出库流量 $q_1$,在图纵坐标轴上截取 $A$ 点,使 $OA=q_1$。

(2)过 $A$ 点作一平行于水平轴的直线 $AC$,该线与 $q\sim\left(\frac{V}{\Delta t}-\frac{q}{2}\right)$曲线交于 $B$ 点,在直线上,由 $B$ 向右边量取 $BC=Q_{CD}$。

(3)过 $C$ 点作一平行于纵坐标轴的直线与 $q\sim\left(\frac{V}{\Delta t}+\frac{q}{2}\right)$曲线交于 $D$ 点,过 $D$ 点引一平行于水平轴的直线,与纵坐标轴交于 $E$ 点,则 $OE=q_2$,即为所求的时段末下泄流量。

(4)对于下一时段的计算,则可将上一时段求得的 $q_2$ 作为其计算的起始条件 $q_1$,并用上述同样的方法进行图解计算,求得时段末的出库流量。以此类推,最后求出水库的下泄流量过程线 $q(t)$。

## 4 进行方案比较与选择

有了各方案的设计洪水位与校核洪水位,就可以确定坝高。根据防洪调节计算成果,计算各方案大坝、泄洪建筑物及下游堤防等的造价、库区淹没损失及下游受淹经济损失等。通过技术经济比较,选择最优方案。

对于已建水库,调洪计算的任务是求出某种频率洪水(或预报洪水)在不同防洪限制水位时,水库洪水位与最大下泄流量的关系,为编制防洪调度规程、制订水库防洪措施提供依据,以期达到满足下游防洪要求和保证坝体防洪安全的目的。

# 任务3 无闸门控制的水库防洪调节计算

无闸门控制的泄洪建筑物,其溢洪道堰顶高程一般与正常蓄水位重合。水库汛前水位,一般年份可能低于正常蓄水位,但考虑到汛前洪水有连续出现的可能,即后期大洪水来临之前,可能已出现过洪水,并以此为水库水位蓄至正常蓄水位。因此,设计计算时为安全起见,取汛前水位与正常蓄水位齐平。

# 1　下游无防洪要求的计算

## 1.1　拟订方案

已知水库下游没有防洪要求，泄流方式、堰顶高程和汛前水位都已确定，根据水库、坝址附近地形、地质条件和洪水情况，拟订几种可能的溢洪道宽度 $B$，用库容曲线及泄流公式绘制下泄流量与库容的关系曲线 $q=f(V)$ 或 $q=f(V,Q)$，组成若干个不同溢洪道宽度 $B$ 的方案。

## 1.2　调洪计算

针对各个不同溢洪道宽度 $B$ 的方案，用已知的入库洪水过程线（一般为设计洪水与校核洪水），求得相应的调洪库容 $V_{调}$、最大下泄流量 $q_{m设}$ 和 $q_{m校}$、最高洪水位 $Z_{设}$ 和 $Z_{校}$。

**【例 6-1】** 某水库泄洪建筑物为无闸门控制溢洪道，堰顶高程为 116 m，堰顶宽 $B=45$ m，堰流计算公式为 $q=mBH^{3/2}$，式中流量系数 $m=1.6$。该水库设有小型水电站，汛期按水轮机过水能力 $Q_{电}=10\ m^3/s$ 引水发电。水库库容曲线和设计洪水过程线数值分别列于表 6-3 和表 6-4 中。求水库下泄流量过程线 $q(t)$。

表 6-3　水库水位容积关系

| 水库水位(m) | 116 | 117 | 118 | 119 | 120 | 121 |
|---|---|---|---|---|---|---|
| 库容($\times10^6\ m^3$) | 247 | 261 | 276 | 291 | 307 | 322 |

表 6-4　设计洪水过程线

| 时间(h) | 0 | 12 | 24 | 36 | 48 | 60 | 72 | 84 | 96 |
|---|---|---|---|---|---|---|---|---|---|
| 流量($m^3/s$) | 10 | 140 | 710 | 279 | 131 | 65 | 32 | 15 | 10 |

**解：**根据给出的设计洪水过程线，取计算时段 $\Delta t=12$ h，假定洪水到来时，水位刚好与溢洪道堰顶齐平，即起调水位为 116 m。

(1)绘制 $Z\sim V$ 曲线。按表 6-3 所给数据，绘制静库容曲线 $Z\sim V$，如图 6-6 所示。

(2)列表计算 $q\sim V$ 曲线。在堰顶高程 116 m 之上，假设不同水库水位 $Z$(列于表 6-5 第(1)行)，用它们分别减去堰顶高程 116 m，得第(2)行所示的堰上水头 $H$，代入堰流公式，算出各 $H$ 相应的溢洪道泄流量 $q$，加上发电流量 10 $m^3/s$，得 $Z$ 值相应的水库泄流能力 $q=q_{溢}+q_{电}$，列于第(3)行。再由第(1)行的 $Z$ 值查图 6-6 中的 $Z\sim V$ 曲线，得 $Z$ 值相应的库容 $V$，见表 6-5 第(4)行。

表 6-5　某水库 $q\sim V$ 关系计算表

| 水库水位(m) | (1) | 116 | 117 | 118 | 119 | 120 | 121 |
|---|---|---|---|---|---|---|---|
| 堰顶水头 $H$(m) | (2) | 0 | 1 | 2 | 3 | 4 | 5 |
| 泄流能力 $q$($m^3/s$) | (3) | 10 | 82 | 214 | 384 | 586 | 804 |
| 库容 $V$($\times10^6\ m^3$) | (4) | 247 | 261 | 276 | 291 | 307 | 322 |

(3)绘制 $q \sim V$ 曲线。由表6-5中第(3)、(4)栏对应值绘制该水库的蓄泄曲线 $q \sim V$(见图6-7)。

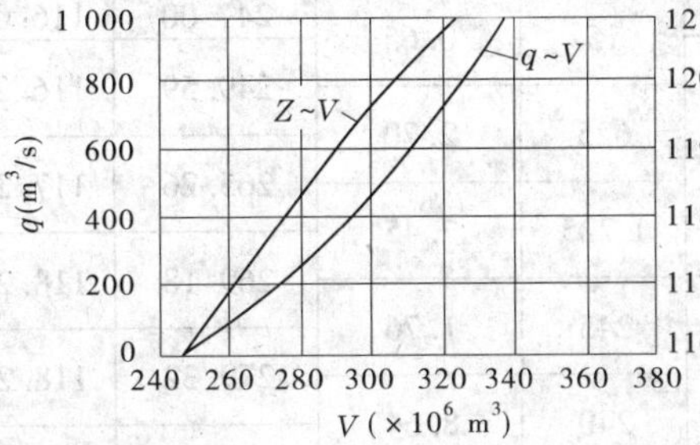


图6-6 水库库容曲线 $Z \sim V$ 及蓄泄曲线 $q \sim V$

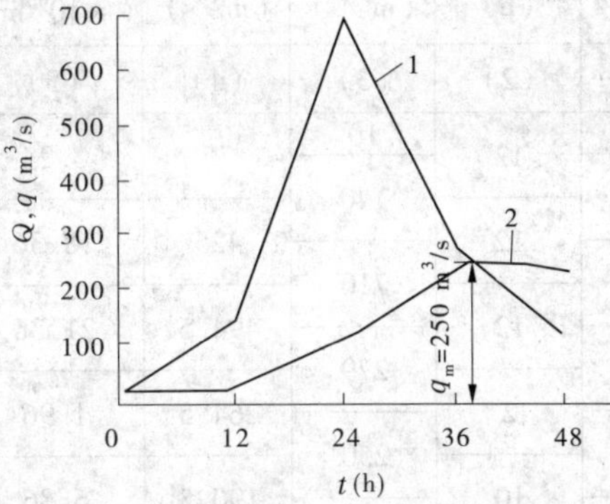


1—设计洪水过程线;2—计算泄流过程线

图6-7 水库设计洪水过程线及计算泄流过程线

(4)推求下泄流量过程线 $q(t)$,按表6-6的格式逐时段进行试算。对于第一时段,按起始条件 $V_1 = 247 \times 10^6\ m^3$,$q_1 = 10\ m^3/s$ 和已知设计洪水过程 $Q_1 = 10\ m^3/s$,$Q_2 = 140\ m^3/s$,求 $V_2$、$q_2$。首先,假设 $q_2 = 30\ m^3/s$,由式(6-1)得 $V_2 = 249.376 \times 10^6\ m^3$;再查图6-6中的 $q \sim V$ 曲线,得 $q_2 = 20\ m^3/s$,这与假设不符,所以应重新假设 $q_2$ 的值再次进行试算。重新假设 $q_2 = 20\ m^3/s$,由式(6-1)可得 $V_2 = 249.59 \times 10^6\ m^3$,由 $q \sim V$ 曲线查得 $q_2 = 20\ m^3/s$,与原假设相符,故 $q_2 = 20\ m^3/s$、$V_2 = 249.59 \times 10^6\ m^3$ 即为所求。分别填入表6-6中该时段末的第(6)、(9)栏中。

以第一时段所求得 $V_2$、$q_2$ 作为第二时段初的 $V_1$、$q_1$,重复第一时段的试算过程,可进一步求得第二时段末的 $V_2 = 265.26 \times 10^6\ m^3$,$q_2 = 105\ m^3/s$。如此继续试算下去,可得表6-6第(6)栏的水库流量下泄过程 $q(t)$。

(5)最大下泄流量 $q_m$ 的确定。根据表6-6中的第(1)、(3)、(6)栏的 $t$、$Q$、$q$ 值,绘出如图6-7的 $Q(t)$ 和 $q(t)$ 的过程线,由于 $q \sim t$ 曲线上的最大值 $q_m = 240\ m^3/s$ 没有落在 $Q \sim t$ 曲线上,所以 $q_m$ 值以后的曲线用虚线绘出。从两曲线变化的趋势可知,正确的 $q_m$ 值应比 $240\ m^3/s$ 大一些,出现的时间也应稍晚些,根据已绘出的曲线取 $q_m = q_2 = 250\ m^3/s$,在图中查得 $\Delta t = 2\ h$,显然,该时段初的 $V_1 = 269.18 \times 10^6\ m^3$,$q_1 = 240\ m^3/s$,$Q_1 = 279\ m^3/s$,由式(6-1)计算得 $V_2 = 279.32 \times 10^6\ m^3$,在 $q \sim V$ 曲线上查得 $q_2 = 250\ m^3/s$,与假设一致。所以,最大下泄流量 $q_m = 250\ m^3/s$,它出现的时刻为第38 h。以此为新起点,按第(4)步的方法,求得38~48 h间的 $q(t)$ 曲线,在图6-7中以实线绘出。

(6)推求设计防洪库容 $V_{设}$ 和设计洪水位 $Z_{设}$。按 $q_m = 250\ m^3/s$ 从图6-6的 $q \sim V$ 曲线上查得相应的总库容 $V_m = 279.32 \times 10^6\ m^3$,减去堰顶高程以下的库容 $247 \times 10^6\ m^3$,即得 $V_{设} = 32.32 \times 10^6\ m^3$;由 $V_m$ 值从图6-6的 $Z \sim V$ 线上查得 $Z_{设} = 118.2\ m$。

表6-6　水库调洪计算(列表试算法)

| 时间 $t$ (h) | 时段 (h) | $Q$ ($m^3/s$) | $Q/2$ ($m^3/s$) | $W_{来}$ ($\times10^6\ m^3$) | $q$ ($m^3/s$) | $q/2$ ($m^3/s$) | $W_{泄}$ ($\times10^6\ m^3$) | $V$ ($\times10^6\ m^3$) | $Z$ (m) |
|---|---|---|---|---|---|---|---|---|---|
| (1) | (2) | (3) | (4) | (5) | (6) | (7) | (8) | (9) | (10) |
| 0 | | 10 | | | 10 | | | 247.00 | 116.0 |
| | 12 | | 75 | 3.24 | | 15 | 0.65 | | |
| 12 | | 140 | | | 20 | | | 249.59 | 116.2 |
| | 12 | | 425 | 18.36 | | 625 | 2.70 | | |
| 24 | | 710 | | | 105 | | | 265.26 | 117.2 |
| | 12 | | 494.5 | 21.36 | | 1 725 | 7.45 | | |
| 36 | | 279 | | | 240 | | | 269.18 | 118.2 |
| | 2 | | 264.5 | 1.96 | | 245 | 1.76 | | |
| 38 | | 250 | | | 250 | | | 279.32 | 118.2 |
| | 10 | | 190.5 | 6.86 | | 240 | 8.64 | | |
| 48 | | 131 | | | 230 | | | 277.54 | 118.1 |
| ⋮ | ⋮ | ⋮ | ⋮ | ⋮ | ⋮ | ⋮ | ⋮ | ⋮ | ⋮ |

## 1.3　坝顶高程

对某一溢洪道宽度 $B$ 方案的 $Z_{设}$ 和 $Z_{校}$，利用下式计算坝顶高程，并取较大者作为该方案的坝顶高程 $Z_{坝}$

$$Z_{坝} = Z_{设} + h_{浪设} + \Delta h_{设} \tag{6-7}$$

$$Z_{坝} = Z_{校} + h_{浪校} + \Delta h_{校} \tag{6-8}$$

式中　$Z_{设}$、$Z_{校}$——某一溢洪道宽度 $B$ 方案的设计洪水位和校核洪水位；

$h_{浪设}$、$h_{浪校}$——设计条件与校核条件下的风浪高，可查算相关规范；

$\Delta h_{设}$、$\Delta h_{校}$——大坝安全超高，可按规范取定。

## 1.4　计算各个溢洪道宽度 $B$

依据方案的大坝投资、泄流建筑物投资、淹没损失等经济指标，点绘溢洪道宽度 $B$ 与大坝投资、上游淹没损失及管理维修费之和 $S_V$，与溢洪道设施投资、下游堤防培修费及下游淹没损失费之和 $S_D$，以及与总投资 $S = S_V + S_D$ 的关系，如图6-8所示。同时，点绘 $B$ 与坝顶高程 $Z_{坝}$、与最大下泄流量 $q_{m校}$ 的关系，如图6-9所示。由总投资最小，即可查得最佳溢洪道宽度 $B_p$，以及相应的坝顶高程与最大下泄流量。

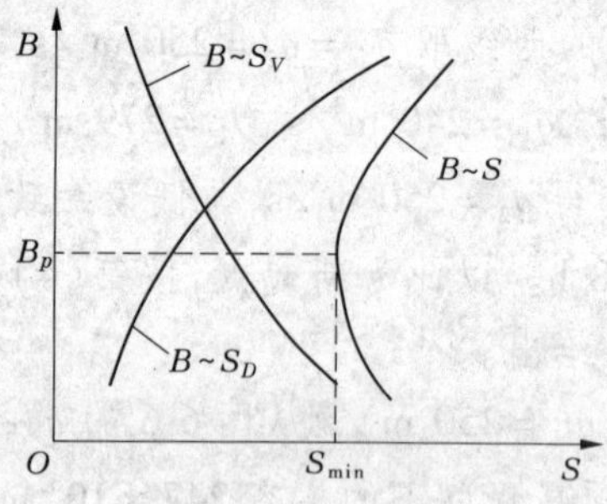


图6-8　坝宽与投资关系曲线示意图

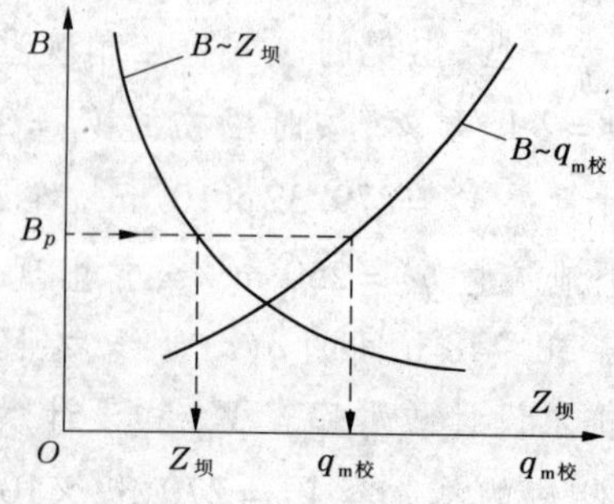


图6-9　坝宽与坝顶高程及下泄流量关系示意图

## 2 下游有防洪要求的计算

下游有防洪要求的无闸控制防洪水利计算,基本步骤与下游无防洪要求的相同。所不同的地方在于因下游有防洪要求,防洪标准既有枢纽的标准,又有下游防护对象的标准。在防洪水利计算中需要考虑下游安全泄量的要求,根据枢纽标准与下游防洪标准的洪水进行调洪计算。

具体的步骤是:

(1)假定不同的溢洪道宽度 $B$ 方案。

(2)对下游防洪标准的设计洪水进行调洪计算,求得 $B$ 与 $q_m$ 的关系。舍去 $q_m$ 超过下游安全泄量 $q_{允}$ 的宽度方案。

(3)对满足下游防洪要求的诸方案,再对枢纽防洪标准的洪水进行调洪计算,以确定坝高、设计洪水位与校核洪水位,以及相应调洪库容,并进行经济比较,求得经济上合理或最佳的方案。计算过程与无防洪要求的基本相同。

# 思考题与练习题

**6-1** 简述水库防洪调节计算的任务与内容。

**6-2** 某水库泄流建筑物为无闸门河床式溢洪道,堰顶高程与正常蓄水位齐平,为132 m。堰顶净宽度 $B=40$ m,流量系数 $m=1.6$,堰流计算公式为 $q=mBH^{3/2}$。水库设有小型水电站,汛期按水轮机过水能力 $Q_{电}=10\ m^3/s$ 引水发电,尾水再引入渠首灌溉。水库水位容积关系见表6-7,水库设计标准为100年一遇,设计洪水过程见表6-8。用列表试算法推求水库泄流过程、设计最大下泄流量、设计调洪库容和设计洪水位。

表6-7 某水库水位容积关系

| 库水位 $Z$ (m) | 116 | 118 | 120 | 122 | 124 | 126 | 128 | 130 | 132 | 134 | 136 | 137 |
|---|---|---|---|---|---|---|---|---|---|---|---|---|
| 库容 $V$ ($\times10^4\ m^3$) | 0 | 20 | 82 | 210 | 418 | 732 | 1 212 | 1 700 | 2 730 | 3 600 | 4 460 | 4 880 |

表6-8 某水库设计洪水过程

| 时间 $t$ (h) | 0 | 8 | 16 | 24 | 28 | 30 | 32 | 40 | 48 | 56 | 64 | 72 |
|---|---|---|---|---|---|---|---|---|---|---|---|---|
| 流量 $Q$ ($m^3/s$) | 0 | 100 | 480 | 840 | 730 | 650 | 560 | 340 | 210 | 132 | 81 | 21 |

# 附　表

附表 1　皮尔逊Ⅲ型曲线的离均系数 $\Phi_P$ 值表

| $C_s$ | P(%) | | | | | | | | | | | | | | |
|---|---|---|---|---|---|---|---|---|---|---|---|---|---|---|---|
| | 0.01 | 0.1 | 0.2 | 0.33 | 0.5 | 1 | 2 | 5 | 10 | 20 | 50 | 75 | 90 | 95 | 99 |
| 0.0 | 3.72 | 3.09 | 2.88 | 2.71 | 2.58 | 2.33 | 2.05 | 1.64 | 1.28 | 0.84 | 0.00 | -0.67 | -1.28 | -1.64 | -2.33 |
| 0.1 | 3.94 | 3.23 | 3.00 | 2.82 | 2.67 | 2.40 | 2.11 | 1.67 | 1.29 | 0.84 | -0.02 | -0.68 | -1.27 | -1.62 | -2.25 |
| 0.2 | 4.16 | 3.38 | 3.12 | 2.92 | 2.76 | 2.47 | 2.16 | 1.70 | 1.30 | 0.83 | -0.03 | -0.69 | -1.26 | -1.59 | -2.18 |
| 0.3 | 4.38 | 3.52 | 3.24 | 3.03 | 2.86 | 2.54 | 2.21 | 1.73 | 1.31 | 0.82 | -0.05 | -0.70 | -1.24 | -1.55 | -2.10 |
| 0.4 | 4.61 | 3.67 | 3.36 | 3.14 | 2.95 | 2.62 | 2.26 | 1.75 | 1.32 | 0.82 | -0.07 | -0.71 | -1.23 | -1.52 | -2.03 |
| 0.5 | 4.83 | 3.81 | 3.48 | 3.25 | 3.04 | 2.68 | 2.31 | 1.77 | 1.32 | 0.81 | -0.08 | -0.71 | -1.22 | -1.49 | -1.96 |
| 0.6 | 5.05 | 3.96 | 3.60 | 3.35 | 3.13 | 2.75 | 2.35 | 1.80 | 1.33 | 0.80 | -0.10 | -0.72 | -1.20 | -1.45 | -1.88 |
| 0.7 | 5.28 | 4.10 | 3.72 | 3.45 | 3.22 | 2.82 | 2.40 | 1.82 | 1.33 | 0.79 | -0.12 | -0.72 | -1.18 | -1.42 | -1.81 |
| 0.8 | 5.50 | 4.24 | 3.85 | 3.55 | 3.31 | 2.89 | 2.45 | 1.84 | 1.34 | 0.78 | -0.13 | -0.73 | -1.17 | -1.38 | -1.74 |
| 0.9 | 5.73 | 4.39 | 3.97 | 3.65 | 3.40 | 2.96 | 2.50 | 1.86 | 1.34 | 0.77 | -0.15 | -0.73 | -1.15 | -1.35 | -1.66 |
| 1.0 | 5.96 | 4.53 | 4.09 | 3.76 | 3.49 | 3.02 | 2.54 | 1.88 | 1.34 | 0.76 | -0.16 | -0.73 | -1.13 | -1.32 | -1.59 |
| 1.1 | 6.18 | 4.67 | 4.20 | 3.86 | 3.58 | 3.09 | 2.58 | 1.89 | 1.34 | 0.74 | -0.18 | -0.74 | -1.10 | -1.28 | -1.52 |
| 1.2 | 6.41 | 4.81 | 4.32 | 3.95 | 3.66 | 3.15 | 2.62 | 1.91 | 1.34 | 0.73 | -0.19 | -0.74 | -1.08 | -1.24 | -1.45 |
| 1.3 | 6.64 | 4.95 | 4.44 | 4.05 | 3.74 | 3.21 | 2.67 | 1.92 | 1.34 | 0.72 | -0.21 | -0.74 | -1.06 | -1.20 | -1.38 |
| 1.4 | 6.87 | 5.09 | 4.56 | 4.15 | 3.83 | 3.27 | 2.71 | 1.94 | 1.33 | 0.71 | -0.22 | -0.73 | -1.04 | -1.17 | -1.32 |
| 1.5 | 7.09 | 5.23 | 4.68 | 4.24 | 3.91 | 3.33 | 2.74 | 1.95 | 1.33 | 0.69 | -0.24 | -0.73 | -1.02 | -1.13 | -1.26 |
| 1.6 | 7.31 | 5.37 | 4.80 | 4.34 | 3.99 | 3.39 | 2.78 | 1.96 | 1.33 | 0.68 | -0.25 | -0.73 | -0.99 | -1.10 | -1.20 |
| 1.7 | 7.54 | 5.50 | 4.91 | 4.43 | 4.07 | 3.44 | 2.82 | 1.97 | 1.32 | 0.68 | -0.27 | -0.72 | -0.97 | -1.06 | -1.14 |
| 1.8 | 7.76 | 5.64 | 5.01 | 4.52 | 4.15 | 3.50 | 2.85 | 1.98 | 1.32 | 0.64 | -0.28 | -0.72 | -0.94 | -1.02 | -1.09 |
| 1.9 | 7.98 | 5.77 | 5.12 | 4.61 | 4.23 | 3.55 | 2.88 | 1.99 | 1.31 | 0.63 | -0.29 | -0.72 | -0.92 | -0.98 | -1.04 |

续附表 1

| $C_s$ | P(%) | | | | | | | | | | | | | | |
|---|---|---|---|---|---|---|---|---|---|---|---|---|---|---|---|
| | 0.01 | 0.1 | 0.2 | 0.33 | 0.5 | 1 | 2 | 5 | 10 | 20 | 50 | 75 | 90 | 95 | 99 |
| 2.0 | 8.21 | 5.91 | 5.22 | 4.70 | 4.30 | 3.61 | 2.91 | 2.00 | 1.30 | 0.61 | -0.31 | -0.71 | -0.895 | -0.949 | -0.989 |
| 2.1 | 8.43 | 6.04 | 5.33 | 4.79 | 4.37 | 3.66 | 2.93 | 2.00 | 1.29 | 0.59 | -0.32 | -0.71 | -0.869 | -0.914 | -0.945 |
| 2.2 | 8.65 | 6.17 | 5.43 | 4.88 | 4.44 | 3.71 | 2.96 | 2.00 | 1.28 | 0.57 | -0.33 | -0.70 | -0.844 | -0.879 | -0.905 |
| 2.3 | 8.87 | 6.30 | 5.53 | 4.97 | 4.51 | 3.76 | 2.99 | 2.00 | 1.27 | 0.55 | -0.34 | -0.69 | -0.820 | -0.849 | -0.867 |
| 2.4 | 9.08 | 6.42 | 5.63 | 5.05 | 4.58 | 3.81 | 3.02 | 2.01 | 1.26 | 0.54 | -0.35 | -0.68 | -0.795 | -0.820 | -0.831 |
| 2.5 | 9.30 | 6.55 | 5.73 | 5.13 | 4.65 | 3.85 | 3.04 | 2.01 | 1.25 | 0.52 | -0.36 | -0.67 | -0.772 | -0.791 | -0.800 |
| 2.6 | 9.51 | 6.67 | 5.82 | 5.20 | 4.72 | 3.89 | 3.06 | 2.01 | 1.23 | 0.50 | -0.37 | -0.66 | -0.748 | -0.764 | -0.769 |
| 2.7 | 9.72 | 6.79 | 5.92 | 5.28 | 4.78 | 3.93 | 3.09 | 2.01 | 1.22 | 0.48 | -0.37 | -0.65 | -0.726 | -0.736 | -0.741 |
| 2.8 | 9.93 | 6.91 | 6.01 | 5.36 | 4.84 | 3.97 | 3.11 | 2.01 | 1.21 | 0.46 | -0.38 | -0.64 | -0.702 | -0.710 | -0.714 |
| 2.9 | 10.14 | 7.03 | 6.10 | 5.44 | 4.90 | 4.01 | 3.13 | 2.01 | 1.20 | 0.44 | -0.39 | -0.63 | -0.680 | -0.687 | -0.691 3 |
| 3.0 | 10.35 | 7.15 | 6.20 | 5.51 | 4.96 | 4.05 | 3.15 | 2.00 | 1.18 | 0.42 | -0.39 | -0.62 | -0.658 | -0.665 | -0.667 |
| 3.1 | 10.56 | 7.26 | 6.30 | 5.59 | 5.02 | 4.08 | 3.17 | 2.00 | 1.16 | 0.40 | -0.40 | -0.60 | -0.639 | -0.644 | -0.645 |
| 3.2 | 10.77 | 7.38 | 6.39 | 5.66 | 5.08 | 4.12 | 3.19 | 2.00 | 1.14 | 0.38 | -0.40 | -0.59 | -0.621 | -0.624 | -0.625 |
| 3.3 | 10.97 | 7.49 | 6.48 | 5.74 | 5.14 | 4.15 | 3.21 | 1.99 | 1.12 | 0.36 | -0.40 | -0.58 | -0.604 | -0.606 | -0.606 |
| 3.4 | 11.17 | 7.60 | 6.56 | 5.80 | 5.20 | 4.18 | 3.22 | 1.98 | 1.11 | 0.34 | -0.41 | -0.57 | -0.587 | -0.588 | -0.588 |
| 3.5 | 11.37 | 7.72 | 6.65 | 5.86 | 5.25 | 4.22 | 3.23 | 1.97 | 1.09 | 0.32 | -0.41 | -0.55 | -0.570 | -0.571 | -0.571 |
| 3.6 | 11.57 | 7.83 | 6.73 | 5.93 | 5.30 | 4.25 | 3.24 | 1.96 | 1.08 | 0.30 | -0.41 | -0.54 | -0.555 | -0.556 | -0.556 |
| 3.7 | 11.77 | 7.94 | 6.81 | 5.99 | 5.35 | 4.28 | 3.25 | 1.95 | 1.06 | 0.28 | -0.42 | -0.53 | -0.540 | -0.541 | -0.541 |
| 3.8 | 11.97 | 8.05 | 6.89 | 6.05 | 5.40 | 4.31 | 3.26 | 1.94 | 1.04 | 0.26 | -0.42 | -0.52 | -0.526 | -0.526 | -0.526 |
| 3.9 | 12.16 | 8.15 | 6.97 | 6.11 | 5.45 | 4.34 | 3.27 | 1.93 | 1.02 | 0.24 | -0.41 | -0.506 | -0.512 | -0.512 | -0.513 |
| 4.0 | 12.36 | 8.25 | 7.05 | 6.18 | 5.50 | 4.37 | 3.27 | 1.92 | 1.00 | 0.23 | -0.41 | -0.495 | -0.500 | -0.500 | -0.500 |
| 4.1 | 12.55 | 8.35 | 7.13 | 6.24 | 5.54 | 4.39 | 3.28 | 1.91 | 0.98 | 0.21 | -0.41 | -0.484 | -0.488 | -0.488 | -0.488 |
| 4.2 | 12.74 | 8.45 | 7.21 | 6.30 | 5.59 | 4.41 | 3.29 | 1.90 | 0.96 | 0.19 | -0.41 | -0.473 | -0.476 | -0.476 | -0.476 |
| 4.3 | 12.93 | 8.55 | 7.29 | 6.36 | 5.63 | 4.44 | 3.29 | 1.88 | 0.94 | 0.17 | -0.41 | -0.462 | -0.465 | -0.461 | -0.465 |
| 4.4 | 13.12 | 8.65 | 7.36 | 6.41 | 5.68 | 4.46 | 3.30 | 1.87 | 0.92 | 0.16 | -0.40 | -0.453 | -0.455 | -0.451 | -0.455 |

续附表1

| $C_s$ | P(%) | | | | | | | | | | | | | | |
|---|---|---|---|---|---|---|---|---|---|---|---|---|---|---|---|
| | 0.01 | 0.1 | 0.2 | 0.33 | 0.5 | 1 | 2 | 5 | 10 | 20 | 50 | 75 | 90 | 95 | 99 |
| 4.5 | 13.30 | 8.75 | 7.43 | 6.46 | 5.72 | 4.48 | 3.30 | 1.85 | 0.90 | 0.14 | -0.40 | -0.444 | -0.444 | -0.444 | -0.444 |
| 4.6 | 13.49 | 8.85 | 7.50 | 6.52 | 5.76 | 4.50 | 3.30 | 1.84 | 0.88 | 0.13 | -0.40 | -0.435 | -0.435 | -0.435 | -0.435 |
| 4.7 | 13.67 | 8.95 | 7.57 | 6.57 | 5.80 | 4.52 | 3.30 | 1.82 | 0.86 | 0.11 | -0.39 | -0.426 | -0.426 | -0.426 | -0.426 |
| 4.8 | 13.85 | 9.04 | 7.64 | 6.63 | 5.84 | 4.54 | 3.30 | 1.80 | 0.84 | 0.09 | -0.39 | -0.417 | -0.417 | -0.417 | -0.417 |
| 4.9 | 14.04 | 9.13 | 7.70 | 6.68 | 5.88 | 4.55 | 3.30 | 1.78 | 0.82 | 0.08 | -0.38 | -0.408 | -0.408 | -0.408 | -0.408 |
| 5.0 | 14.22 | 9.22 | 7.77 | 6.73 | 5.92 | 4.57 | 3.30 | 1.77 | 0.80 | 0.06 | -0.379 | -0.400 | -0.400 | -0.400 | -0.400 |
| 5.1 | 14.40 | 9.31 | 7.84 | 6.78 | 5.95 | 4.58 | 3.30 | 1.75 | 0.78 | 0.05 | -0.374 | -0.392 | -0.392 | -0.392 | -0.392 |
| 5.2 | 14.57 | 9.40 | 7.90 | 6.83 | 5.99 | 4.59 | 3.30 | 1.73 | 0.76 | 0.03 | -0.369 | -0.385 | -0.385 | -0.385 | -0.385 |
| 5.3 | 14.75 | 9.49 | 7.96 | 6.87 | 6.02 | 4.60 | 3.30 | 1.72 | 0.74 | 0.02 | -0.363 | -0.37′ | -0.377 | -0.377 | -0.379 |
| 5.4 | 14.92 | 9.57 | 8.02 | 6.91 | 6.05 | 4.62 | 3.29 | 1.70 | 0.72 | 0.00 | -0.358 | -0.370 | -0.370 | -0.370 | -0.370 |
| 5.5 | 15.10 | 9.66 | 8.08 | 6.96 | 6.08 | 4.63 | 3.28 | 1.68 | 0.70 | -0.01 | -0.353 | -0.361 4 | -0.364 | -0.364 | -0.364 |
| 5.6 | 15.27 | 9.71 | 8.14 | 7.00 | 6.11 | 4.64 | 3.28 | 1.66 | 0.67 | -0.03 | -0.349 | -0.357 | -0.357 | -0.357 | -0.357 |
| 5.7 | 15.45 | 9.82 | 8.21 | 7.04 | 6.14 | 4.65 | 3.27 | 1.65 | 0.65 | -0.04 | -0.344 | -0.351 | -0.351 | -0.351 | -0.351 |
| 5.8 | 15.62 | 9.91 | 8.27 | 7.08 | 6.17 | 4.67 | 3.27 | 1.63 | 0.63 | -0.05 | -0.339 | -0.345 | -0.345 | -0.345 | -0.345 |
| 5.9 | 15.78 | 9.99 | 8.32 | 7.12 | 6.20 | 4.68 | 3.26 | 1.61 | 0.61 | -0.06 | -0.334 | -0.335 | -0.339 | -0.339 | -0,335 |
| 6.0 | 15.94 | 10.07 | 8.38 | 7.15 | 6.23 | 4.68 | 3.25 | 1.59 | 0.59 | -0.07 | -0.329 | -0.333 | -0.333 | -0.333 | -0.333 |
| 6.1 | 16.11 | 10.15 | 8.43 | 7.19 | 6.26 | 4.69 | 3.24 | 1.57 | 0.57 | -0.08 | -0.325 | -0.328 | -0.328 | -0.328 | -0.328 |
| 6.2 | 16.28 | 10.22 | 8.49 | 7.23 | 6.28 | 4.70 | 3.23 | 1.55 | 0.55 | -0.09 | -0.320 | -0.323 | -0.323 | -0.322 | -0.322 |
| 6.3 | 16.45 | 10.30 | 8.54 | 7.26 | 6.30 | 4.70 | 3.22 | 1.53 | 0.53 | -0.10 | -0.315 | -0.317 | -0.317 | -0.317 | -0.317 |
| 6.4 | 16.61 | 10.38 | 8.60 | 7.30 | 6.32 | 4.71 | 3.21 | 1.51 | 0.51 | -0.11 | -0.311 | -0.313 | -0.313 | -0.312 | -0.312 |

## 附表 2 皮尔逊Ⅲ型曲线的模比系数 $K_P$ 值表

(1) $C_s = C_v$

| $C_v$ | P(%) | | | | | | | | | | | | | | | $C_s$ |
|---|---|---|---|---|---|---|---|---|---|---|---|---|---|---|---|---|
| | 0.01 | 0.1 | 0.2 | 0.33 | 0.5 | 1 | 2 | 5 | 10 | 20 | 50 | 75 | 90 | 95 | 99 | |
| 0.05 | 1.19 | 1.16 | 1.15 | 1.14 | 1.13 | 1.12 | 1.11 | 1.09 | 1.07 | 1.04 | 1.00 | 0.97 | 0.94 | 0.92 | 0.89 | 0.05 |
| 0.10 | 1.39 | 1.32 | 1.30 | 1.28 | 1.27 | 1.24 | 1.21 | 1.17 | 1.13 | 1.08 | 1.00 | 0.93 | 0.87 | 0.84 | 0.78 | 0.10 |
| 0.15 | 1.61 | 1.50 | 1.46 | 1.43 | 1.41 | 1.37 | 1.32 | 1.26 | 1.20 | 1.13 | 1.00 | 0.90 | 0.81 | 0.77 | 0.67 | 0.15 |
| 0.20 | 1.83 | 1.68 | 1.62 | 1.58 | 1.55 | 1.49 | 1.43 | 1.34 | 1.26 | 1.17 | 0.99 | 0.86 | 0.75 | 0.68 | 0.56 | 0.20 |
| 0.25 | 2.07 | 1.86 | 1.80 | 1.74 | 1.70 | 1.63 | 1.55 | 1.43 | 1.33 | 1.21 | 0.99 | 0.83 | 0.69 | 0.61 | 0.47 | 0.25 |
| 0.30 | 2.31 | 2.06 | 1.97 | 1.91 | 1.86 | 1.76 | 1.66 | 1.52 | 1.39 | 1.25 | 0.98 | 0.79 | 0.63 | 0.54 | 0.37 | 0.30 |
| 0.35 | 2.57 | 2.26 | 2.16 | 2.08 | 2.02 | 1.91 | 1.78 | 1.61 | 1.46 | 1.29 | 0.98 | 0.76 | 0.57 | 0.47 | 0.28 | 0.35 |
| 0.40 | 2.84 | 2.47 | 2.34 | 2.26 | 2.18 | 2.05 | 1.90 | 1.70 | 1.53 | 1.33 | 0.97 | 0.72 | 0.51 | 0.39 | 0.19 | 0.40 |
| 0.45 | 3.13 | 2.69 | 2.54 | 2.44 | 2.35 | 2.19 | 2.03 | 1.79 | 1.60 | 1.37 | 0.97 | 0.69 | 0.45 | 0.33 | 0.10 | 0.45 |
| 0.50 | 3.42 | 2.91 | 2.74 | 2.63 | 2.52 | 2.34 | 2.16 | 1.89 | 1.66 | 1.40 | 0.96 | 0.65 | 0.39 | 0.26 | 0.02 | 0.50 |
| 0.55 | 3.72 | 3.14 | 2.95 | 2.82 | 2.70 | 2.49 | 2.29 | 1.98 | 1.73 | 1.44 | 0.95 | 0.61 | 0.34 | 0.20 | −0.06 | 0.55 |
| 0.60 | 4.03 | 3.38 | 3.16 | 3.01 | 2.88 | 2.65 | 2.41 | 2.08 | 1.80 | 1.48 | 0.94 | 0.57 | 0.28 | 0.13 | −0.13 | 0.60 |
| 0.65 | 4.36 | 3.62 | 3.38 | 3.21 | 3.07 | 2.81 | 2.55 | 2.18 | 1.87 | 1.52 | 0.93 | 0.53 | 0.23 | 0.07 | −0.20 | 0.65 |
| 0.70 | 4.70 | 3.87 | 3.60 | 3.42 | 3.25 | 2.97 | 2.68 | 2.27 | 1.93 | 1.55 | 0.92 | 0.50 | 0.17 | 0.01 | −0.27 | 0.70 |
| 0.75 | 5.05 | 4.13 | 3.84 | 3.63 | 3.45 | 3.14 | 2.82 | 2.37 | 2.00 | 1.59 | 0.91 | 0.46 | 0.12 | −0.05 | −0.33 | 0.75 |
| 0.80 | 5.40 | 4.39 | 4.08 | 3.84 | 3.65 | 3.31 | 2.96 | 2.47 | 2.07 | 1.62 | 0.90 | 0.42 | 0.06 | −0.10 | −0.39 | 0.80 |
| 0.85 | 5.78 | 4.67 | 4.33 | 4.07 | 3.86 | 3.49 | 3.11 | 2.57 | 2.14 | 1.66 | 0.88 | 0.37 | 0.01 | −0.16 | −0.44 | 0.85 |
| 0.90 | 6.16 | 4.95 | 4.57 | 4.29 | 4.06 | 3.66 | 3.25 | 2.67 | 2.21 | 1.69 | 0.86 | 0.34 | −0.04 | −0.22 | −0.49 | 0.90 |
| 0.95 | 6.56 | 5.24 | 4.83 | 4.53 | 4.28 | 3.84 | 3.40 | 2.78 | 2.28 | 1.73 | 0.85 | 0.31 | −0.09 | −0.27 | −0.55 | 0.95 |
| 1.00 | 6.96 | 5.53 | 5.09 | 4.76 | 4.49 | 4.02 | 3.54 | 2.88 | 2.34 | 1.76 | 0.84 | 0.27 | −0.13 | −0.32 | −0.59 | 1.00 |

续附表2

(2) $C_s = 2C_v$

| $C_v$ | P(%) 0.01 | 0.1 | 0.2 | 0.33 | 0.5 | 1 | 2 | 5 | 10 | 20 | 50 | 75 | 90 | 95 | 99 | $C_s$ |
|---|---|---|---|---|---|---|---|---|---|---|---|---|---|---|---|---|
| 0.05 | 1.20 | 1.16 | 1.15 | 1.14 | 1.13 | 1.12 | 1.11 | 1.08 | 1.06 | 1.04 | 1.00 | 0.97 | 0.94 | 0.92 | 0.89 | 0.10 |
| 0.10 | 1.42 | 1.34 | 1.31 | 1.29 | 1.27 | 1.25 | 1.21 | 1.17 | 1.13 | 1.08 | 1.00 | 0.93 | 0.87 | 0.84 | 0.78 | 0.20 |
| 0.15 | 1.67 | 1.54 | 1.48 | 1.46 | 1.43 | 1.38 | 1.33 | 1.26 | 1.20 | 1.12 | 0.99 | 0.90 | 0.81 | 0.77 | 0.69 | 0.30 |
| 0.20 | 1.92 | 1.73 | 1.67 | 1.63 | 1.59 | 1.52 | 1.45 | 1.35 | 1.26 | 1.16 | 0.99 | 0.86 | 0.75 | 0.70 | 0.59 | 0.40 |
| 0.22 | 2.04 | 1.82 | 1.75 | 1.70 | 1.66 | 1.58 | 1.50 | 1.39 | 1.29 | 1.18 | 0.98 | 0.84 | 0.73 | 0.67 | 0.56 | 0.44 |
| 0.24 | 2.16 | 1.91 | 1.83 | 1.77 | 1.73 | 1.64 | 1.55 | 1.43 | 1.32 | 1.19 | 0.98 | 0.83 | 0.71 | 0.64 | 0.53 | 0.48 |
| 0.25 | 2.22 | 1.96 | 1.87 | 1.81 | 1.77 | 1.67 | 1.58 | 1.45 | 1.33 | 1.20 | 0.98 | 0.82 | 0.70 | 0.63 | 0.52 | 0.50 |
| 0.26 | 2.28 | 2.01 | 1.91 | 1.85 | 1.80 | 1.70 | 1.60 | 1.46 | 1.34 | 1.21 | 0.98 | 0.82 | 0.69 | 0.62 | 0.50 | 0.52 |
| 0.28 | 2.40 | 2.10 | 2.00 | 1.93 | 1.87 | 1.76 | 1.66 | 1.50 | 1.37 | 1.22 | 0.97 | 0.79 | 0.66 | 0.59 | 0.47 | 0.56 |
| 0.30 | 2.52 | 2.19 | 2.08 | 2.01 | 1.94 | 1.83 | 1.71 | 1.54 | 1.40 | 1.24 | 0.97 | 0.78 | 0.64 | 0.56 | 0.44 | 0.60 |
| 0.35 | 2.86 | 2.44 | 2.31 | 2.22 | 2.13 | 2.00 | 1.84 | 1.64 | 1.47 | 1.28 | 0.96 | 0.75 | 0.59 | 0.51 | 0.37 | 0.70 |
| 0.40 | 3.20 | 2.70 | 2.54 | 2.42 | 2.32 | 2.16 | 1.98 | 1.74 | 1.54 | 1.31 | 0.95 | 0.71 | 0.53 | 0.45 | 0.30 | 0.80 |
| 0.45 | 3.59 | 2.98 | 2.80 | 2.65 | 2.53 | 2.33 | 2.13 | 1.84 | 1.60 | 1.35 | 0.93 | 0.67 | 0.48 | 0.40 | 0.26 | 0.90 |
| 0.50 | 3.98 | 3.27 | 3.05 | 2.88 | 2.74 | 2.51 | 2.27 | 1.94 | 1.67 | 1.38 | 0.92 | 0.64 | 0.44 | 0.34 | 0.21 | 1.00 |
| 0.55 | 4.42 | 3.58 | 3.32 | 3.12 | 2.97 | 2.70 | 2.42 | 2.04 | 1.74 | 1.41 | 0.90 | 0.59 | 0.40 | 0.30 | 0.16 | 1.10 |
| 0.60 | 4.85 | 3.89 | 3.59 | 3.37 | 3.20 | 2.89 | 2.57 | 2.15 | 1.80 | 1.44 | 0.89 | 0.56 | 0.35 | 0.26 | 0.13 | 1.20 |
| 0.65 | 5.33 | 4.22 | 3.89 | 3.64 | 3.44 | 3.09 | 2.74 | 2.25 | 1.87 | 1.47 | 0.87 | 0.52 | 0.31 | 0.22 | 0.10 | 1.30 |
| 0.70 | 5.81 | 4.56 | 4.19 | 3.91 | 3.68 | 3.29 | 2.90 | 2.36 | 1.94 | 1.50 | 0.85 | 0.49 | 0.27 | 0.18 | 0.08 | 1.40 |
| 0.75 | 6.33 | 4.93 | 4.52 | 4.19 | 3.93 | 3.50 | 3.06 | 2.46 | 2.00 | 1.52 | 0.82 | 0.45 | 0.24 | 0.15 | 0.06 | 1.50 |
| 0.80 | 6.85 | 5.30 | 4.84 | 4.47 | 4.19 | 3.71 | 3.22 | 2.57 | 2.06 | 1.54 | 0.80 | 0.42 | 0.21 | 0.12 | 0.04 | 1.60 |
| 0.90 | 7.98 | 6.08 | 5.51 | 5.07 | 4.74 | 4.15 | 3.56 | 2.78 | 2.19 | 1.58 | 0.75 | 0.35 | 0.15 | 0.08 | 0.02 | 1.80 |

续附表 2

(3) $C_s = 3C_v$

| $C_v$ | P(%) | | | | | | | | | | | | | | | $C_s$ |
|---|---|---|---|---|---|---|---|---|---|---|---|---|---|---|---|---|
| | 0.01 | 0.1 | 0.2 | 0.33 | 0.5 | 1 | 2 | 5 | 10 | 20 | 50 | 75 | 90 | 95 | 99 | |
| 0.20 | 0.02 | 1.79 | 1.72 | 1.67 | 1.63 | 1.55 | 1.47 | 1.36 | 1.27 | 1.16 | 0.98 | 0.86 | 0.76 | 0.71 | 0.62 | 0.60 |
| 0.25 | 2.35 | 2.05 | 1.95 | 1.88 | 1.82 | 1.72 | 1.61 | 1.46 | 1.34 | 1.20 | 0.97 | 0.82 | 0.71 | 0.65 | 0.56 | 0.75 |
| 0.30 | 2.72 | 2.32 | 2.19 | 2.10 | 2.02 | 1.89 | 1.75 | 1.56 | 1.40 | 1.23 | 0.96 | 0.78 | 0.66 | 0.60 | 0.50 | 0.90 |
| 0.35 | 3.12 | 2.61 | 2.46 | 2.33 | 2.24 | 2.07 | 1.90 | 1.66 | 1.47 | 1.26 | 0.94 | 0.74 | 0.61 | 0.55 | 0.46 | 1.05 |
| 0.40 | 3.56 | 2.92 | 2.73 | 2.58 | 2.46 | 2.26 | 2.05 | 1.76 | 1.54 | 1.29 | 0.92 | 0.70 | 0.57 | 0.50 | 0.42 | 1.20 |
| 0.42 | 3.75 | 3.06 | 2.85 | 2.69 | 2.56 | 2.34 | 2.11 | 1.81 | 1.56 | 1.31 | 0.91 | 0.69 | 0.55 | 0.49 | 0.41 | 1.26 |
| 0.44 | 3.94 | 3.19 | 2.97 | 2.80 | 2.65 | 2.42 | 2.17 | 1.85 | 1.59 | 1.32 | 0.91 | 0.67 | 0.54 | 0.47 | 0.40 | 1.32 |
| 0.45 | 4.04 | 3.26 | 3.03 | 2.85 | 2.70 | 2.46 | 2.21 | 1.87 | 1.60 | 1.32 | 0.90 | 0.67 | 0.53 | 0.47 | 0.39 | 1.35 |
| 0.46 | 4.14 | 3.33 | 3.09 | 2.90 | 2.75 | 2.50 | 2.24 | 1.89 | 1.61 | 1.33 | 0.90 | 0.66 | 0.52 | 0.46 | 0.39 | 1.38 |
| 0.48 | 4.34 | 3.47 | 3.21 | 3.01 | 2.85 | 2.58 | 2.31 | 1.93 | 1.65 | 1.34 | 0.89 | 0.65 | 0.51 | 0.45 | 0.38 | 1.44 |
| 0.50 | 4.55 | 3.62 | 3.34 | 3.12 | 2.96 | 2.67 | 2.37 | 1.98 | 1.67 | 1.35 | 0.88 | 0.64 | 0.49 | 0.44 | 0.37 | 1.50 |
| 0.52 | 4.76 | 3.76 | 3.46 | 3.24 | 3.06 | 2.75 | 2.44 | 2.02 | 1.69 | 1.36 | 0.87 | 0.62 | 0.48 | 0.42 | 0.36 | 1.56 |
| 0.54 | 4.98 | 3.91 | 3.60 | 3.36 | 3.16 | 2.84 | 2.51 | 2.06 | 1.72 | 1.36 | 0.86 | 0.61 | 0.47 | 0.41 | 0.36 | 1.62 |
| 0.55 | 5.09 | 3.99 | 3.66 | 3.42 | 3.21 | 2.88 | 2.54 | 2.08 | 1.73 | 1.36 | 0.86 | 0.60 | 0.46 | 0.41 | 0.36 | 1.65 |
| 0.56 | 5.20 | 4.07 | 3.73 | 3.48 | 3.27 | 2.93 | 2.57 | 2.10 | 1.74 | 1.37 | 0.85 | 0.59 | 0.46 | 0.40 | 0.35 | 1.68 |
| 0.58 | 5.43 | 4.23 | 3.86 | 3.59 | 3.38 | 3.01 | 2.64 | 2.14 | 1.77 | 1.38 | 0.84 | 0.58 | 0.45 | 0.40 | 0.35 | 1.74 |
| 0.60 | 5.66 | 4.38 | 4.01 | 3.71 | 3.49 | 3.10 | 2.71 | 2.19 | 1.79 | 1.38 | 0.83 | 0.57 | 0.44 | 0.39 | 0.35 | 1.80 |
| 0.65 | 6.26 | 4.81 | 4.36 | 4.03 | 3.77 | 3.33 | 2.88 | 2.29 | 1.85 | 1.40 | 0.80 | 0.53 | 0.41 | 0.37 | 0.34 | 1.95 |
| 0.70 | 6.90 | 5.23 | 4.73 | 4.35 | 4.06 | 3.56 | 3.05 | 2.40 | 1.90 | 1.41 | 0.78 | 0.50 | 0.39 | 0.36 | 0.34 | 2.10 |
| 0.75 | 7.57 | 5.68 | 5.12 | 4.69 | 4.36 | 3.80 | 3.24 | 2.50 | 1.96 | 1.42 | 0.76 | 0.48 | 0.38 | 0.35 | 0.34 | 2.25 |
| 0.80 | 8.26 | 6.14 | 5.50 | 5.04 | 4.66 | 4.05 | 3.42 | 2.61 | 2.01 | 1.43 | 0.72 | 0.46 | 0.36 | 0.34 | 0.34 | 2.40 |

续附表 2

(4) $C_s = 3.5C_v$

| $C_v$ | P(%) | | | | | | | | | | | | | | | $C_s$ |
|---|---|---|---|---|---|---|---|---|---|---|---|---|---|---|---|---|
| | 0.01 | 0.1 | 0.2 | 0.33 | 0.5 | 1 | 2 | 5 | 10 | 20 | 50 | 75 | 90 | 95 | 99 | |
| 0.20 | 2.06 | 1.82 | 1.74 | 1.69 | 1.64 | 1.56 | 1.48 | 1.36 | 1.27 | 1.16 | 0.98 | 0.86 | 0.76 | 0.72 | 0.64 | 0.70 |
| 0.25 | 2.42 | 2.09 | 1.99 | 1.91 | 1.85 | 1.74 | 1.62 | 1.46 | 1.34 | 1.19 | 0.96 | 0.82 | 0.71 | 0.66 | 0.58 | 0.88 |
| 0.30 | 2.82 | 2.38 | 2.24 | 2.14 | 2.06 | 1.92 | 1.77 | 1.57 | 1.40 | 1.22 | 0.95 | 0.78 | 0.67 | 0.61 | 0.53 | 1.05 |
| 0.35 | 3.26 | 2.70 | 2.52 | 2.39 | 2.29 | 2.11 | 1.92 | 1.67 | 1.47 | 1.26 | 0.93 | 0.74 | 0.62 | 0.57 | 0.50 | 1.22 |
| 0.40 | 3.75 | 3.04 | 2.82 | 2.66 | 2.53 | 2.31 | 2.08 | 1.78 | 1.53 | 1.28 | 0.91 | 0.71 | 0.58 | 0.53 | 0.47 | 1.40 |
| 0.42 | 3.95 | 3.18 | 2.95 | 2.77 | 2.63 | 2.39 | 2.15 | 1.82 | 1.56 | 1.29 | 0.90 | 0.69 | 0.57 | 0.52 | 0.46 | 1.47 |
| 0.44 | 4.16 | 3.33 | 3.08 | 2.88 | 2.73 | 2.48 | 2.21 | 1.86 | 1.59 | 1.30 | 0.89 | 0.68 | 0.56 | 0.51 | 0.46 | 1.54 |
| 0.45 | 4.27 | 3.40 | 3.14 | 2.94 | 2.79 | 2.52 | 2.25 | 1.88 | 1.60 | 1.31 | 0.89 | 0.67 | 0.55 | 0.50 | 0.45 | 1.58 |
| 0.46 | 4.37 | 3.48 | 3.21 | 3.00 | 2.84 | 2.56 | 2.28 | 1.90 | 1.61 | 1.31 | 0.88 | 0.66 | 0.54 | 0.50 | 0.45 | 1.61 |
| 0.48 | 4.60 | 3.63 | 3.35 | 3.12 | 2.94 | 2.65 | 2.35 | 1.95 | 1.64 | 1.32 | 0.87 | 0.65 | 0.53 | 0.49 | 0.45 | 1.68 |
| 0.50 | 4.82 | 3.78 | 3.48 | 3.24 | 3.06 | 2.74 | 2.42 | 1.99 | 1.66 | 1.32 | 0.86 | 0.64 | 0.52 | 0.48 | 0.44 | 1.75 |
| 0.52 | 5.06 | 3.95 | 3.62 | 3.36 | 3.16 | 2.83 | 2.48 | 2.03 | 1.69 | 1.33 | 0.85 | 0.63 | 0.51 | 0.47 | 0.44 | 1.82 |
| 0.54 | 5.30 | 4.11 | 3.76 | 3.48 | 3.28 | 2.91 | 2.55 | 2.07 | 1.71 | 1.34 | 0.84 | 0.61 | 0.50 | 0.47 | 0.44 | 1.89 |
| 0.55 | 5.41 | 4.20 | 3.83 | 3.55 | 3.34 | 2.96 | 2.58 | 2.10 | 1.72 | 1.34 | 0.84 | 0.60 | 0.50 | 0.46 | 0.44 | 1.92 |
| 0.56 | 5.55 | 4.28 | 3.91 | 3.61 | 3.39 | 3.01 | 2.62 | 2.12 | 1.73 | 1.35 | 0.83 | 0.60 | 0.49 | 0.46 | 0.43 | 1.96 |
| 0.58 | 5.80 | 4.45 | 4.05 | 3.74 | 3.51 | 3.10 | 2.69 | 2.16 | 1.75 | 1.35 | 0.82 | 0.58 | 0.48 | 0.46 | 0.43 | 2.03 |
| 0.60 | 6.06 | 4.62 | 4.20 | 3.87 | 3.62 | 3.20 | 2.76 | 2.20 | 1.77 | 1.35 | 0.81 | 0.57 | 0.48 | 0.45 | 0.43 | 2.10 |
| 0.65 | 6.73 | 5.08 | 4.58 | 4.22 | 3.92 | 3.44 | 2.94 | 2.30 | 1.83 | 1.36 | 0.78 | 0.55 | 0.46 | 0.44 | 0.43 | 2.28 |
| 0.70 | 7.43 | 5.54 | 4.98 | 4.56 | 4.23 | 3.68 | 3.12 | 2.41 | 1.88 | 1.37 | 0.75 | 0.53 | 0.45 | 0.44 | 0.43 | 2.45 |
| 0.75 | 8.16 | 6.02 | 5.38 | 4.92 | 4.55 | 3.92 | 3.30 | 2.51 | 1.92 | 1.37 | 0.72 | 0.50 | 0.44 | 0.43 | 0.43 | 2.62 |
| 0.80 | 8.94 | 6.53 | 5.81 | 5.29 | 4.87 | 4.18 | 3.49 | 2.61 | 1.97 | 1.37 | 0.70 | 0.49 | 0.44 | 0.43 | 0.43 | 2.80 |

**续附表2**

(5) $C_s = 4C_v$

| $C_v$ | P(%) 0.01 | 0.1 | 0.2 | 0.33 | 0.5 | 1 | 2 | 5 | 10 | 20 | 50 | 75 | 90 | 95 | 99 | $C_s$ |
|---|---|---|---|---|---|---|---|---|---|---|---|---|---|---|---|---|
| 0.20 | 2.10 | 1.85 | 1.77 | 1.71 | 1.66 | 0.58 | 1.49 | 1.37 | 1.27 | 1.16 | 0.97 | 0.85 | 0.77 | 0.72 | 0.65 | 0.80 |
| 0.25 | 2.49 | 2.13 | 2.02 | 1.94 | 1.87 | 1.76 | 1.64 | 1.47 | 1.34 | 1.19 | 0.96 | 0.82 | 0.72 | 0.67 | 0.60 | 1.00 |
| 0.30 | 2.92 | 2.44 | 2.30 | 2.18 | 2.10 | 1.94 | 1.79 | 1.57 | 1.40 | 1.22 | 0.94 | 0.78 | 0.68 | 0.63 | 0.56 | 1.20 |
| 0.35 | 3.40 | 2.78 | 2.60 | 2.45 | 2.34 | 2.14 | 1.95 | 1.68 | 1.47 | 1.25 | 0.92 | 0.74 | 0.64 | 0.59 | 0.54 | 1.40 |
| 0.40 | 3.92 | 3.15 | 2.92 | 2.74 | 2.60 | 2.36 | 2.11 | 1.78 | 1.53 | 1.27 | 0.90 | 0.71 | 0.60 | 0.56 | 0.52 | 1.60 |
| 0.42 | 4.15 | 3.30 | 3.05 | 2.86 | 2.70 | 2.44 | 2.18 | 1.83 | 1.56 | 1.28 | 0.89 | 0.70 | 0.59 | 0.55 | 0.52 | 1.68 |
| 0.44 | 4.38 | 3.46 | 3.19 | 2.98 | 2.81 | 2.53 | 2.25 | 1.87 | 1.58 | 1.29 | 0.88 | 0.68 | 0.58 | 0.55 | 0.51 | 1.76 |
| 0.45 | 4.49 | 3.54 | 3.25 | 3.03 | 2.87 | 2.58 | 2.28 | 1.89 | 1.59 | 1.29 | 0.87 | 0.68 | 0.58 | 0.54 | 0.51 | 1.80 |
| 0.46 | 4.62 | 3.62 | 3.32 | 3.10 | 2.92 | 2.62 | 2.32 | 1.91 | 1.61 | 1.29 | 0.87 | 0.67 | 0.57 | 0.54 | 0.51 | 1.84 |
| 0.48 | 4.86 | 3.79 | 3.47 | 3.22 | 3.04 | 2.71 | 2.39 | 1.96 | 1.63 | 1.30 | 0.86 | 0.66 | 0.56 | 0.53 | 0.51 | 1.92 |
| 0.50 | 5.10 | 3.96 | 3.61 | 3.35 | 3.15 | 2.80 | 2.45 | 2.00 | 1.65 | 1.31 | 0.84 | 0.64 | 0.55 | 0.53 | 0.50 | 2.00 |
| 0.52 | 5.36 | 4.12 | 3.76 | 3.48 | 3.27 | 2.90 | 2.52 | 2.04 | 1.67 | 1.31 | 0.83 | 0.63 | 0.55 | 0.52 | 0.50 | 2.08 |
| 0.54 | 5.62 | 4.30 | 3.91 | 3.61 | 3.38 | 2.99 | 2.59 | 2.08 | 1.69 | 1.31 | 0.82 | 0.62 | 0.54 | 0.52 | 0.50 | 2.16 |
| 0.55 | 5.76 | 4.39 | 3.99 | 3.68 | 3.44 | 3.03 | 2.63 | 2.10 | 1.70 | 1.31 | 0.82 | 0.62 | 0.54 | 0.52 | 0.50 | 2.20 |
| 0.56 | 5.90 | 4.48 | 4.06 | 3.75 | 3.50 | 3.09 | 2.66 | 2.12 | 1.71 | 1.31 | 0.81 | 0.61 | 0.53 | 0.51 | 0.50 | 2.24 |
| 0.58 | 6.18 | 4.67 | 4.22 | 3.89 | 3.62 | 3.19 | 2.74 | 2.16 | 1.74 | 1.32 | 0.80 | 0.60 | 0.53 | 0.51 | 0.50 | 2.32 |
| 0.60 | 6.45 | 4.85 | 4.38 | 4.03 | 3.75 | 3.29 | 2.81 | 2.21 | 1.76 | 1.32 | 0.79 | 0.59 | 0.52 | 0.51 | 0.50 | 2.40 |
| 0.65 | 7.18 | 5.34 | 4.78 | 4.38 | 4.07 | 3.53 | 2.99 | 2.31 | 1.80 | 1.32 | 0.76 | 0.57 | 0.51 | 0.50 | 0.50 | 2.60 |
| 0.70 | 7.95 | 5.84 | 5.21 | 4.75 | 4.39 | 3.78 | 3.18 | 2.41 | 1.85 | 1.32 | 0.73 | 0.55 | 0.51 | 0.50 | 0.50 | 2.80 |
| 0.75 | 8.76 | 6.36 | 5.65 | 5.13 | 4.72 | 4.03 | 3.36 | 2.50 | 1.88 | 1.32 | 0.71 | 0.54 | 0.51 | 0.50 | 0.50 | 3.00 |
| 0.80 | 9.62 | 6.90 | 6.11 | 5.53 | 5.06 | 4.30 | 3.55 | 2.60 | 1.91 | 1.30 | 0.68 | 0.53 | 0.50 | 0.50 | 0.50 | 3.20 |

# 参考文献

[1] 刘贤娟.杜玉柱.城市水资源利用与管理[J].郑州:黄河水利出版社,2008.
[2] 朱岐武.拜存有.水文与水利水电规划[J].郑州:黄河水利出版社,2003.
[3] 芮孝芳.水文学原理[J].北京:中国水利水电出版社,2004.
[4] 吴季松.水务知识读本[J].北京:中国水利水电出版社,2003.
[5] 吴季松.现代水资源管理概论[J].北京:中国水利水电出版社,2002.
[6] 吴季松,袁弘任.水资源保护知识问答[J].北京:中国水利水电出版社,2000.
[7] 石玉波.城市化地区水资源问题及对策[J].北京水利,2001 (1).
[8] 国家统计局.我国城市化水平继续提高——“九五”时期国民经济和社会发展系列分析报告之十二[R].北京:国家统计局,2001.
[9] 石玉波.我国水资源评价现状与展望[J].中国水利,1998 (3).
[10] 石振华,李传尧.城市地下水工程与管理手册[M].北京:中国建筑工业出版社,1993.
[11] 太原工业大学,等.建筑给水排水工程[M].北京:中国建筑工业出版社,1991.
[12] 姚雨霖.城市给水排水[M].北京:中国建筑工业出版社,1986.